悦讀紀
ENJOY READING ERA
女性阅读专业出版
www.girlbook.cn

提供一切女性阅读所需

陪伴女性成长

悦讀紀

ENJOY READING ERA

乐教馆

中国妈妈的贴心读本

Homeschooling With Mother

开启孩子天赋的妈妈学校①阅读

儿子18岁获得博士学位、女儿10岁考入大学
孩子最好的老师，是善于学习、勤于实践的妈妈

开启孩子天赋的

妈妈学校①

▶阅读

[韩] | 陈庆惠 著 |
| 季 成 译 |

吉林出版集团
北方妇女儿童出版社

图书在版编目（CIP）数据

开启孩子天赋的妈妈学校．1，阅读／（韩）陈庆惠著；季成译．—长春：北方妇女儿童出版社，2010.11

ISBN 978-7-5385-5118-1

Ⅰ．①开… Ⅱ．①陈… ②季… Ⅲ．①家庭教育
Ⅳ．①G78

中国版本图书馆CIP数据核字（2010）第219350号

登记号　图字:07-2010-2853 号

开启孩子天赋的妈妈学校①阅读

出 版 人　李文学
出版统筹　刘　刚　师晓晖　侯　开
特约策划　韩　志　文　一　张　菡
特约监制　韩　志　文　一
责任编辑　宋　莉
文字编辑　文　一
装帧设计　悦读纪·石　巍

出 版 者　吉林出版集团　北方妇女儿童出版社
地　　址　长春市人民大街4646号　邮编　130021
　　　　　电话　0431-85640624
经　　销　全国新华书店
印　　刷　北京建泰印刷有限公司
开　　本　16
字　　数　200千字
版　　次　2011年1月第1版
印　　次　2011年3月第2次印刷
书　　号　ISBN 978-7-5385-5118-1
定　　价　28.00元

精彩导读

善于学习的母亲培养优秀的孩子，阅读是开启孩子天赋的钥匙。

儿子18岁获得芝加哥大学博士学位，女儿10岁被罗斯福大学以奖学生资格录取，想知道如何能够培养出优秀的孩子吗？敬请期待《开启孩子天赋的妈妈学校》系列图书！

从自由的氛围中开始

阅读不能满足于读书本身。

在家庭学校里开始教我的两个孩子，我和丈夫觉得读书习惯是学习的重中之重，在我们的教育过程中时刻提醒彼此。

最初我们就把牙牙学语的孩子放在膝盖上，用温和的嗓音读书给他们听，并且富于感情地给他们朗读。

这样的小活动让孩子们从一开始就对书产生趣味感，同时躺在温暖怀抱中的孩子还感受着父母的体温，感受爱并获得最初的安全感。

阅读过程中的拟态语和拟声词要伴随着各样的表情声调读出来，孩子看到父母的样子，会对其沟通能力的培养有很大帮助。

父母和孩子养成一起阅读的习惯最大的好处在于，把学习和读书自

忙碌妈妈也能轻松阅读，想提前知道下节精彩内容吗？想要体验如同查字典般的阅读快感吗？善用“精彩提示”就是聪明的做法。

精彩导读

最成功的家庭教育，是让孩子具备独立学习的能力，在家长不断的自我学习和引导下开启每个孩子与生俱来的天赋，让他们自由发展，更早获得成功的喜悦和自信！

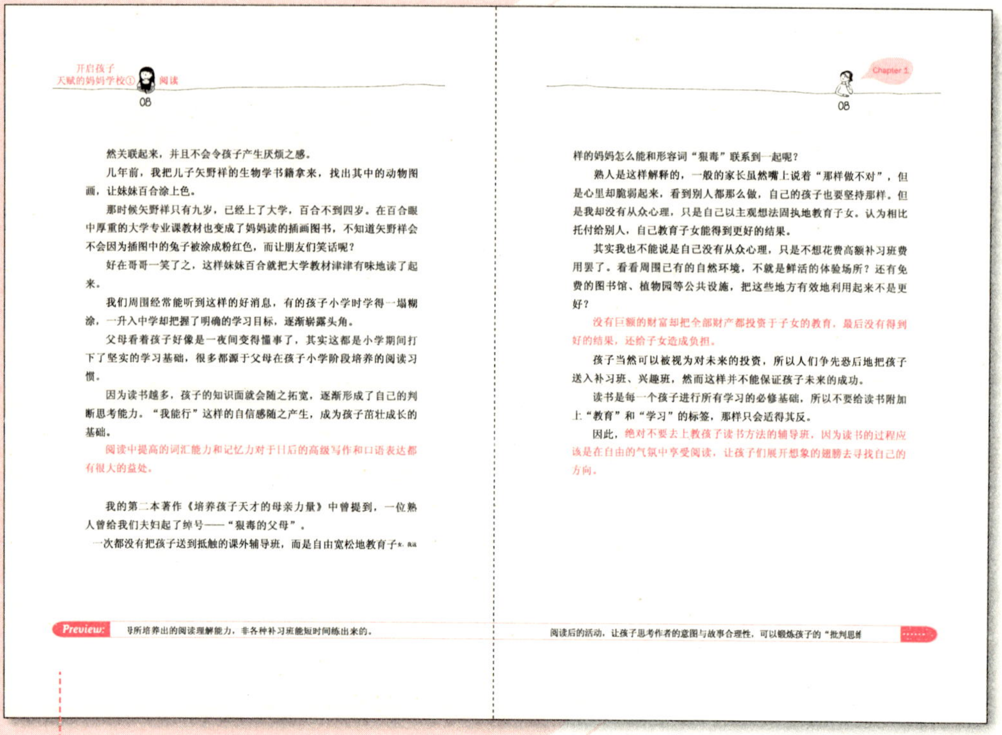
开启孩子
天赋的妈妈学校① 阅读
08

然关联起来，并且不会令孩子产生厌烦之感。

几年前，我把儿子矢野祥的生物学书籍拿来，找出其中的动物图画，让妹妹百合涂上色。

那时候矢野祥只有九岁，已经上了大学，百合不到四岁。在百合眼中厚重的大学专业课教材也变成了妈妈读的插画图书，不知道矢野祥会不会因为插图中的兔子被涂成粉红色，而让朋友们笑话呢？

好在哥哥一笑了之，这样妹妹百合就把大学教材津津有味地读了起来。

我们周围经常能听到这样的好消息，有的孩子小学时学得一塌糊涂，一升入中学却把握了明确的学习目标，逐渐崭露头角。

父母看着孩子好像是一夜间变得懂事了，其实这都是小学期间打下了坚实的学习基础，很多都源于父母在孩子小学阶段培养的阅读习惯。

因为读书越多，孩子的知识面就会随之拓宽，逐渐形成了自己的判断思考能力。“我能行”这样的自信感随之产生，成为孩子茁壮成长的基础。

阅读中提高的词汇能力和记忆力对于日后的高级写作和口语表达都有很大的益处。

我的第二本著作《培养孩子天才的母亲力量》中曾提到，一位熟人曾给我们夫妇起了绰号——“狠毒的父母”。

一次都没有把孩子送到抵触的课外辅导班，而是自由宽松地教育子女，我这

Preview: 导所培养出的阅读理解能力，非各种补习班能短时间练出来的。

Chapter 1
08

样的妈妈怎么能和形容词“狠毒”联系到一起呢？

熟人是这样解释的，一般的家长虽然嘴上说着“那样做不对”，但是心里却脆弱起来，看到别人都那么做，自己的孩子也要坚持那样。但是我却没有从众心理，只是自己以主观想法固执地教育子女。认为相比托付给别人，自己教育子女能得到更好的结果。

其实我也不能说是自己没有从众心理，只是不想花费高额补习班费用罢了。看看周围已有的自然环境，不就是鲜活的体验场所？还有免费的图书馆、植物园等公共设施，把这些地方有效地利用起来不是更好？

没有巨额的财富却把全部财产都投资于子女的教育，最后没有得到好的结果，还给子女造成负担。

孩子当然可以被视为对未来的投资，所以人们争先恐后地把孩子送入补习班、兴趣班，然而这样并不能保证孩子未来的成功。

读书是每一个孩子进行所有学习的必修基础，所以不要给读书附加上“教育”和“学习”的标签，那样只会适得其反。

因此，绝对不要去上教孩子读书方法的辅导班，因为读书的过程应该是在自由的气氛中享受阅读，让孩子们展开想象的翅膀去寻找自己的方向。

阅读后的活动，让孩子思考作者的意图与故事合理性，可以锻炼孩子的“批判思维

本书精心设计了Preview帮您预习本书后续精彩内容，另外我们还贴心的设计了Review帮您复习前面的精彩内容，培养成功的孩子并非一朝一夕所能完成的，需要持续的努力和坚持，这也是本系列图书所推崇的阶段性教育法。

Contents

Chapter 3 Reading Activities
培养独立阅读的习惯

Chapter 4 Critical Thinking Ability
培养批判性思维能力

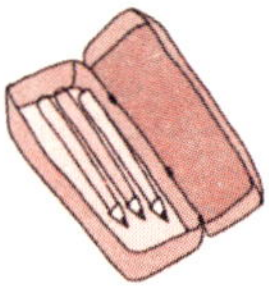

推荐序

每个孩子都有与生俱来的天赋

卢勤

记得我曾在《家庭教育密码》一书的序言中说过：每个孩子都与妈妈有一种特殊的联系。生病的时候最依恋的是妈妈，睡觉的时候寻找的是妈妈，放学回家问的第一句话是“我妈妈呢？”孩子从小的第一个榜样，也是妈妈。

令我感动的是，这套《开启孩子天赋的妈妈学校》系列图书，再次证明了母亲的智慧与伟大。一位普通的妈妈，通过充满智慧的一系列主题家庭教育，不仅将自己的儿子和女儿培养成人，而且比较特殊的是，因为妈妈对孩子的早期智能进行了及时、持续的引导和开发，从而很早就激发出两个孩子的天赋。儿子9岁考入芝加哥某大学并获得全额奖学金，18岁获得博士学位；女儿10岁考入罗斯福大学，13岁即毕业获得学士学位。于是，外界称其为“小爱因斯坦兄妹”，媒体和教育界的报道甚多。最关注的话题，都集中在这位平凡妈妈究竟运用了怎样的神奇家庭教育法，不但让孩子以天才的速度成长，更是避免了揠苗助长的恶果，两个孩子都沿着自己的天赋和兴趣良性发展下去，得以真正的成才、自立。

我对这套书印象最深刻的一句话是“善于学习的母亲培养优秀的孩子”。因为我一直坚信，家长是孩子最好的榜样。每一个辅导过孩子学习的父母都深有体会，好的学习习惯和好的学习方法一样重要！而最初的好习惯，其实都来自于家庭里父母的表率和示范。所以，在这套“妈妈学校”系列图书里，我们能看到作者首先提出的家教主张便是“让孩子具备独立的学习能力”，通过培养孩子的学习兴趣，让学习成为孩子自发、自愿的快乐行为。并且从一开始就告诫父母，孩子不可能一直在父母的帮助下学习。养成良好的学习习惯是父母在早期的家庭教育中最应该赋予孩子的能力。这些观点，与我多年来在儿童教育方面的心得有很多共通之处。其中包括从最关心、最迫切需要学习的家庭主题教育入手，给予中国很多年轻家长更为清晰、具体的“实战”方法。因为作为大多数父母来说，并不是希望自己成为教育家，而是希望把自己的孩子教育好。

比如，我经常会被很多学龄父母问到如何帮助孩子养成良好的阅读习惯、写好作文、提高表达能力和综合素养等问题。这些问题都很具体，也是每一个年轻父母都会面对的普遍问题。虽然不能说这套书里的方法都是最好的，但至少，这位韩裔母亲用自己长期的亲身实践，提供给了大家一套相对完整、科学的家教方法。“妈妈学校”这个概念，也并非是强调孩子应该脱离通常的学校教育，完全由妈妈代劳。作者只是站在家庭教育的角度，给了我们另一种辅导孩子学习的技巧。她自己的亲身实践也证明，孩子在这种科学的家教氛围中成长起来，对于学校教育也有更好的适应能力。

最后我想说的是，每一位妈妈爸爸都需要珍惜与孩子相处的时间。父母多用一份心思，多一点自我学习，多参与到孩子的早教活动中去，与孩子一起学习、一起成长，每个孩子的天赋都会得到激发和体现！因为，天赋是每个孩子与生俱来的！我从不主张把孩子培养成神童，但我赞成开发孩子的潜能，这对培养创造性人才极为重要。当孩子觉得高兴放松、精力集中并且主动参与的时候，学习才会表现出最佳效果。所以，我并不想过分强调这套书的所谓功利性，就是能让孩子更早考入大学，或者考入更好的大学获得学位。在《发掘孩子的大脑潜能》一书中我也曾重点提出过：家庭教育不能以纯粹的升学为目的。最重要的是激发孩子的潜能，培养孩子的长处，让孩子从小就能充满自信，这样他们才能在进入社会后真正地自立、坚强和成功！

2010年于北京

前言

阅读、写作和讨论的能力

▶ 陈庆惠

孩子埋头苦学成绩却不见提高，家长看在眼里急在心里也没有办法，我们周围这样的家长不在少数吧。努力学习却没有得到相应的进步，这可能和低效的学习方法有关，但在我看来，罪魁祸首却是家长和补习班老师没有因材施教。

我针对亚洲教育的现状提出了“不要困守于补习班，不要急功近利揠苗助长”的观点，不知道望子成龙的家长们能否接受。

孩子不可能一直在家长的帮助下学习，事实上小学阶段之后家长的作用微乎其微，这不是单靠母爱和热情就能添补的。所以在孩子进入小学高年级之前，相对于把孩子送到补习班，更重要的是打好孩子的学业基础，让他领悟到自己的学习方法。

儿子矢野祥在上英才学校的时候，我认为那就是他在小学5年级前应该领会学习方法的关键时期。因此对需要遵守的规则的要求都较之以往更加严格，所有的学习都是由他自己独立完成。如果作业都需要父母帮助，谈何孩子成才？

学校里的班主任也许会提出这样的建议，当孩子忘记带书或者其他学习用品时，家长不要将物品送到学校。这是因为随着课业的进行，学习难度与日俱增，父母不可能帮孩子做所有的事。孩子不能掌握独立学习的方法，其结果只会让他们变得更加依赖父母，这无疑成为他们日后独立学习的障碍。

随着年级升高，孩子学习的科目增加，家长往往会把学习的重点视为数学、自然等科目，而我的观点是阅读、写作和讨论才是学习的重点，这三个方面的学习是获得优异学业最重要的因素。

从孩子的角度思考

我的家庭教育方法看上去并没有特别之处，但确确实实地塑造了孩子的才能，或者说真的启发了他们的天赋。我的主张和教育家们提出的观点并无太大的差异。罗马城并非一日所建，子女也不是一夜长大。

如果问我的家庭教育方法关键何在，那就是我和丈夫在对待孩子学习的问题上找到了父母应有的角色，并且做到了多从孩子的角度想问题。这样我们就不会推着孩子勉强前行，我们夫妇阶段性的教育方法发挥了很大作用。

有的家长认为在学校老师教不好，回到家里还要围在子女身边继续加课，这需要怎样的耐心和准备才能实现呢？

这一套《开启孩子天赋的妈妈学校》系列丛书包括阅读、写作、表达能力、美术和英语几个部分，就是写给各位含辛茹苦的父母的。

幼儿期到小学这个阶段，读书应该成为孩子日常生活的娱乐活动之一。定期地写一些读后感，形成写作的习惯远远比解决几道困难的数学题重要。读书可以让孩子获取各方面的知识，孩子可以接受作家传递的观点，也可以提出异议，这就锻炼了孩子的创新思维。阅读能力经过提升对高学年的学习有很大的帮助。

阅读，提问，写作！

我们夫妇在孩子出生6个月后，就把孩子放在腿上给他读小画书，同时让孩子触摸书籍。每天我和丈夫都要读上至少20册小画书，那段幸福的记忆里，我们俨然成为专业的故事大王。给孩子读书后，随意提出些奇特的问题可以让孩子们欢笑，偶尔提出些深刻的问题让他们思索，会锻炼孩子的判断性思维和逻辑思维能力。

文章是越写越美的。要让孩子的写作充满趣味，才能持续下去，所以我们不能简单地只是把纸张和铅笔摆在他们面前。我在教授孩子写作时，为了避免他们产生畏难和厌烦情绪，使用了画图的方法。先让孩子用蜡笔画图，然后做简单的内容叙述。

孩子无从下笔的时候，要给他们一点提示。给出怎样的提示，提示是否有效，这确实很难判断。当孩子睁大眼睛频繁看我的时候，我知道这是需要引导的信号，这时候即使多费些时间也要努力引导他们，培养孩子独立写作的能力。

家庭教育并不意味着父母对教育全权负责，与学校教育划清界限。学校和补习班能提供的教育和家里父母给予的教育有不少差异。本书是为那些在家里教育子女感到困惑的父母提供的一些有益的帮助。

为了将我在家庭教育里使用的读书活动、写作活动更简明地解释给各位家长，本书中使用了很多图表和实例。这些图表和创意大部分是我在阅读外文资料时的借鉴和感悟的，希望本书给各位家长带来助益。

Chapter 1

Warm up!
所有的知识始于阅读

BOOK

精彩提示：
父母温和且带有感情的嗓音，会让孩
子在牙牙学语期间就对阅读充满兴趣，同
时，躺在父母温暖的怀抱也让孩子感受到
父母的体温获得最初的安全感。

从自由的氛围中开始

阅读不能仅满足于读书本身。

在家庭学校里开始教我的两个孩子，我和丈夫觉得读书习惯是学习的重中之重，在我们的教育过程中时刻提醒彼此。

最初我们就把牙牙学语的孩子放在膝盖上，用温和的嗓音读书给他们听，并且富于感情地给他们朗读。

这样的小活动让孩子们从一开始就对书产生趣味感，同时躺在温暖怀抱中的孩子还感受着父母的体温，感受爱并获得最初的安全感。

阅读过程中的拟态语和拟声词要伴随着各样的表情声调读出来，孩子看到父母的样子，会对其沟通能力的培养有很大帮助。

父母和孩子养成一起阅读的习惯最大的好处在于，把学习和读书自然关联起来，并且不会令孩子产生厌烦之感。

几年前，我把儿子矢野祥的生物学书籍拿来，找出其中的动物图画，让妹妹百合涂上色。

那时候矢野祥只有九岁，已经上了大学，百合不到四岁。在百合眼中厚重的大学专业课教材也变成了妈妈读的插画图书，不知道矢野祥会不会因为插图中的兔子被涂成粉红色，而让朋友们笑话呢？

好在哥哥一笑了之，这样妹妹百合就把大学教材津津有味地读了起来。

我们周围经常能听到这样的好消息，有的孩子小学时学得一塌糊涂，一升入中学却把握了明确的学习目标，逐渐崭露头角。

父母看着孩子好像是一夜间变得懂事了，其实这都是小学期间打下了坚实的学习基础，很多都源于父母在孩子小学阶段培养的阅读习惯。

因为读书越多，孩子的知识面就会随之拓宽，逐渐形成了自己的判断思考能力。“我能行”这样的自信感随之产生，成为孩子茁壮成长的基础。

阅读中提高的词汇能力和记忆力对于日后的高级写作和口语表达都有很大的益处。

我的第二本著作《培养孩子天才性的妈妈的力量》中曾提到，一位熟人曾给我们夫妇起了绰号——“狠毒的父母”。

一次都没有把孩子送到抵触的课外辅导班，而是自由宽松地教育子

Preview: 父母所培养出的阅读理解能力，非各种补习班能短时间练出来的。

女，我这样的妈妈怎么能和形容词“狠毒”联系到一起呢？

熟人是这样解释的，一般的家长虽然嘴上说着“那样做不对”，但是心理却脆弱起来，看到别人都那么做，自己的孩子也要坚持那样。但是我却没有从众心理，只是自己以主观想法固执地教育子女，认为相比托付给别人，自己教育子女能得到更好的结果。

其实我也不能说是自己没有从众心理，只是不想花费高额补习班费用罢了。看看周围已有的自然环境，不就是鲜活的体验场所？还有免费的图书馆、植物园等公共设施，把这些地方有效地利用起来不是更好？

没有巨额的财富却把全部财产都投资于子女的教育，最后没有得到好的结果，还给子女造成负担。

孩子当然可以被视为对未来的投资，所以人们争先恐后地把孩子送入补习班、兴趣班，然而这样并不能保证孩子未来的成功。

读书是每一个孩子进行所有学习的必修基础，所以不要给读书附加上“教育”和“学习”的标签，那样只会适得其反。

因此，绝对不要去上教孩子读书方法的辅导班，因为读书的过程应该是在自由的气氛中享受阅读，让孩子们展开想象的翅膀去寻找自己的方向。

读书和成功成正比？

读书很重要，这句话不要说孩子，在我们大人耳朵里都磨出了茧子。孩子无论去学校，还是回到家，读书的重要性被反复提起。可以说读书的数量是和孩子的成功可能性成正比的，读书获得的知识将对孩子的未来发挥重要作用。

不仅如此，通过读书可以体验未曾经历的环境，对未知的世界产生好奇。

我看过一个调查，大部分放弃学业的学生都厌恶阅读。阅读是学习过程中最为基本也最为必要的因素，基础薄弱自然学习很难持续下去，最终丢掉了学习的兴趣。

对数字特别敏感，但文字阅读速度慢的孩子看到例题能够轻松地理解，但是解数学题也不是只靠数字概念就可以完成的，为了解题，孩子需要具备阅读题目、理解并把握问题的能力。

科学领域也不例外。科学家也是在“这样的话会有怎样的结果”的假设下进行观察实验的。

他们为了不落后于别人，要不断地研读新发表的学术论文或者资料。并且阅读对于每天沉浸在追求学术治学领域的学者来说，可以让他们接触象牙塔之外的事物，弥补自己社会性的缺失。

读书和画画有相似之处。第一次手握蜡笔的孩子连圆形都画得瘪瘪的，但慢慢地他能够画出圆，在上面画上眼睛耳朵，把图形构成人的脸

Preview: “有趣”就是将书中的虚幻转化成现实，比如将书中提到的食物制作给孩子品尝。

庞。读书也一样，阅读能力是逐渐增强的。

阅读和美术一样，有培养孩子创造性的意义。电影和电视剧结局往往已有定论，而书籍却不同，书中登场的人物可以构成各种各样故事的情节和结局，这就可以锻炼孩子想象和思考的能力。这种活动还能帮助孩子形成积极向上的性格。

我给我的孩子读不同体裁的图书。但阅读不能满足于读书本身。神话故事往往都有多条线索，所以，在读故事的过程中让孩子推测事件的发展和前因后果，可以使孩子大脑思维活跃，增强逻辑思维能力。

我的儿子和女儿似乎比别的孩子更早地决定了发展方向，很多人误以为是我们家长的影响或者帮着做出的决定。

但是相对于我们的意见，孩子们的发展方向更多地受到了阅读的影响，即通过阅读体验到的未知世界和获得的知识。我的孩子读了很多书，并遨游在知识海洋里，他们在最短的时间里通过书籍得到了穿越时空的体验。与书中形形色色的人物相遇，更是形成了自己的观点。

一篇名为《重识大脑》（*Rethinking the Brain*）的研究报告中提到，儿童大脑形成的决定因素不是遗传因子，而是幼儿期经历的早期经验（early experience）。应该尽早给孩子阅读书籍，通过早期经验对孩子进行教育，这一观点的重要性已经为大家广泛接受。

读书的重要性及父母的参与

1 书籍让孩子拓宽视野，打破仅仅由家人构成的沟通局限，而走向广阔的世界。书籍中丰富的词语和知识都将成为重要的沟通工具。

2 当给孩子看图画书时，孩子会用手指指向图画嘴里嘀咕起来，这时家长要赶快予以适当的回应，如果没反应，孩子会无法将自己的感情完全表达，造成阅读欲望消极。

3 读书时让孩子的眼睛看着书籍上的字，并让他的小手随着书页滑动，这样可以锻炼眼手协调能力，并使眼部肌肉运动。读书时让孩子用手指指字或者用手握持图书，尽可能地让孩子自己拿着图书。

4 解决问题的能力会随着阅读量增加而提高。尤其是孩子喜欢的故事书最为有效，小说也像小画书一样有助于培养孩子的想象力。

5 读书时不停地给孩子提问。阅读过程中向孩子提出“为什么”、“如果那样……”等问题，可以帮助孩子拓展接触到新的原理或者物体。

6 据一份2003年发表的研究资料显示，父母参与阅读的家庭中成长的孩子比没有家庭阅读的孩子承受更少的压力，有更高的自我洞察力和社交能力，性格积极，对自己的生活满足，并且不易误入歧途。

精彩提示：
有些人推荐的书超过了儿童阅读能力，
孩子不能理解书中所表达的情感，只能稀
里糊涂地阅读，这是没有任何意义的。

如何选择儿童图书

图画跟书一样传递着重要的知识。

家长们为孩子挑选一本好书可谓煞费苦心，也许有人会说按照推荐图书的排行榜和获奖图书的目录来挑选不就行了吗？但是父母们怎么可能把目录中的图书一一读完呢，况且所谓“儿童喜爱读物”的图书就一定适合自己的孩子吗？即使是获奖图书，也不一定保证是真正有价值的。

那什么样的书才算是好书呢？

对于好书的定义，儿童图书作家们也各持己见，由此可见，判断一本书的好坏真是不容易。

凯瑟琳•梅切尔是美国著名的纽伯瑞儿童文学奖[1]（Newbery

Medal）评审委员之一，她曾说“之于儿童文学，最为宝贵的是传递希望的信息”。

但作家娜塔莉•巴比特则认为，好的儿童图书关键是有风趣的人物和有趣的故事。在巴比特眼里，《爱丽丝梦游仙境》就是这样的典范，因此被世人认为是世界上最经典的儿童图书之一。

还有些作家认为，好书应该叙述丰富多彩的别样人生……这些观点当然都是正确的。

无论书籍的体裁是什么，只要符合儿童语言和情感的接受能力，并能给孩子插上翅膀，让他们在想象的天空中飞翔，这样的书都应该算作好书。

有些人推荐的书超过了儿童阅读能力，孩子不能理解书中所表达的情感，只是稀里糊涂地阅读，这是没有任何意义的。

供婴儿期孩子阅读的图书往往体积轻薄，家长在购买之前应该多用心挑选。孩子幼年的时候接触的图书不仅要考虑图画和内容，尺寸和外形也是相当重要的。家长熟悉孩子的习惯，如果孩子有抓东西乱扔的习惯，那么应该首先考虑买些沉甸甸的书籍。

为了培养孩子的感官能力，集中他们的注意力，可以选择布料和塑料等材质混合制成的书，当然有按键声音的电子书也是不错的选择。

之后家长应该逐渐转移挑选的关注点，着重关注于图书的故事情节、作者意图和插图是否匹配、语言选择是否得当等方面。给孩子读书

Preview: 5岁前，书籍是最主要的教育手段之一。

的时候要观察孩子，看看他们对重复的、有节奏的语言是否产生反应等等。

还有，书的字体大而清晰、段落之间有间隔的话，能使孩子保持更长时间的集中阅读。

关于颜色，图画书中的色彩应为鲜明的原色。但当孩子逐渐熟悉阅读之后，颜色已经不是问题，此时可以让孩子看一些使用彩色蜡笔颜色系列的图书。

选择儿童图书备忘录

当孩子阅读的是画少字多的书时，家长一定要审查图书的情节，还有作家如何传达意图，以及书籍观点是写实的，还是与现实脱离的。

特别在选择外国名著时要更加留心。曾经看过一本国内某家出版社出版的外国名著，由于情节过于省略，以致故事难以连贯。

家长还需要分辨图书的主题思想是否过于强调伦理道德而缺失了解决问题的灵活性，想象过于丰富以至内容显得荒唐等等。因为判断能力不足的孩子往往会完全接受书中的内容，而面向儿童的书籍往往过于强调教条和伦理的重要性。

随着孩子年龄增长，将开始接触名人传记、历史地理书籍，这些书与童话和科幻图书的观点可能截然不同。因为这类书撇开想象更注重展现客观事实。

有些人物传记从不同的侧面记述伟人，可能与普遍认识标准和事实有些出入，对此家长应该事先查找相关资料，并客观地判断该书是否有阅读价值。

一位大学历史教授曾讲过关于自己的一则故事。小时候读过的某本书中模糊不清地介绍了美国内战，书中说容许奴隶制度存在的南方赢得了南北战争的胜利。

没有判断能力的他接受了这种说法，直到几年后发现自己的错误认识时，已成为同班同学的笑柄。

有些关于植物的图书中，包含不同气候地形的植物插图，还有的地理书籍含有写实的环境介绍，孩子可以通过这些书籍直接联想起所学的知识。

这时家长需要做的是，即便只是图书，也应该检查其中的花草树木，以及其他植物生长的环境是否对应。有些图书环境设置的是热带雨林，却画着不需要多少水分就能成长的沙漠植物。

一定要切记，孩子若接受了错误的知识，再想修正是非常困难的。

家长还要检查书籍中作为背景的地域，生活在该地域人的生活习惯和风俗、历史遗迹等是否描述正确。还有，即使是科幻图书，如果插画中埃及的金字塔出现在欧洲，都可能给孩子造成地理基础知识的混乱。

我在购买涉及到写实内容的地理图书或者人体结构图书时，一定会多费些时间检查插画是否准确再决定是否购买。如果插画过于模糊或者复杂，不利于内容理解的话，即使书的内容再好我也不会选择，因为图画像书的内容一样传递着重要的知识。

① 纽伯瑞儿童文学奖（Newbery Medal），又称纽伯瑞奖。1713年，纽伯瑞出生在英国农家。他是自学成才的儿童文学作家和出版家。1744年他编写并出版了世界上第一本专门的、价格低廉的儿童书：《美丽小书》；他开办了世界上第一家专门的儿童读物印刷厂、世界上第一家专门的儿童书店，从此他不断改进，印刷发行了许多精美的儿童图书，深受儿童喜欢，由于他打破当时保守的风气，崇尚“快乐至上”的儿童教育观念，开辟了英美儿童文学之路，所以后人称纽柏瑞为——儿童文学之父，纽柏瑞的贡献对于儿童文学，可以说是个重要的里程碑。

精彩提示：
每个孩子生理和心智状态的发展都不
同，不能以年龄来决定阅读量，无论精读
也好泛读也罢，只有让孩子得到快乐才能
真正实现阅读的意义。

精读和泛读之间

阅读的目的决定阅读的方式。

看过一则报道，说是一个小学生读了超过一千册的书。如此广泛的阅读不要说和普通人相比这个孩子能获得多少特别的知识，单是默默地阅读本身，该是多么浓厚的兴趣啊。看了这则报道，不禁感觉现在可谓是一个“泛读的时代”。

同时我也想，那么多的书在如此短的时间内读完，其内涵究竟又消化多少呢？

当然广泛阅读是必要的，我在孩子们小时候就给他们读了大量不同内容的书。

但当孩子到了小学高年级，他们已经形成了基本的思考能力，这时候不要再大量广泛阅读了，而是每一个领域选择几本好书更为重要。精读让孩子深深体味图书的内涵，对于小学高年级年龄段的孩子更为必要。

精读是给予一定时间读适量的书，因此在阅读之前应该给孩子留出时间，让他们设想下故事的发展和可能得到的收获。我经常给孩子出这样的题目，让他们比较阅读前后的想法，这也是一个帮助孩子锻炼判断思考能力的方式。

对于精读和泛读孰优孰劣的问题，人们可以各持己见。但不可否认的是，万事万物都需要均衡，读书何尝不是这样？

前段时间在一次演讲会上遇到一位家长，她说某位专家指出了孩子在几岁之前应该读过多少书，包括多少册经典名著和推荐图书……而自己的孩子已经大大落后了，这该怎么办？

我对经典名著和推荐图书的阅读是持赞成意见的，但至于“几岁之前应该读过多少书”的理论我只是付之一笑，回答那位家长完全不必要。

每个孩子生理和心智状态的发展都不相同，怎么能以年龄来决定阅读量呢？我真的想看看，在那样所谓的科学的计划下进行阅读的孩子最终成长的情况。

阅读，最重要的是得到快乐！无论精读也好泛读也罢，只有让孩子得到快乐才能真正实现阅读的意义。

如果每个月强迫给刚开始阅读的孩子读上两三百册书，无论精读泛读，都会出现不少的问题。

以文学作品为例，人们读小说时都喜欢一口气读到最后，而不是逐句逐字深究吧？但是课本里引入的文章或者报纸上的社论，我们会反复阅读，揣测作者的意图。

因此，阅读的目的决定了阅读的方式。

像前面说过的一样，低年级的孩子适合广范的阅读，但是不要勉强地设定阅读目标，只要阅读内容都能为孩子消化就是最适当的阅读量。

在我的家庭教育里，页数不多的小画书每天至少读十册。另外，并不是每天读不同的书，有时候一天可以一本书反复读十遍。

因为孩子会有特定喜欢的书。

所以不要停止孩子的广泛阅读，但对于孩子喜欢的图书可以挑出来一两册反复阅读。这也是某种意义上的精读。

反复阅读的时候用手指指着书上的字，让孩子们熟悉，同时在特定的故事情节可以做游戏，让孩子自由地设想故事新的发展和结果。

有些人能从泛读中习得知识，而普通人如果不进行精读，往往大量的书籍到头来只是留下了“好书”、“很感动”等印象。

因此，在孩子升入小学高年级前，应该通过大量的广泛阅读引起孩子的兴趣，而后逐渐引导孩子精读的习惯，就是培养他们把握作者意图，提出赞成或反对意见等能力。只有这样，读过的书才能完全消化。

当然在这个信息泛滥的时代，现代人也需要泛读的能力，以最快的速度获取信息。

但是把图书仅仅作为文字大量阅读是没有任何效果的，要培养孩子精读的习惯，这样才能更好地把握文章整体思想，从中获取必要的知识和信息。

在讨论精读还是泛读之前，首要解决的是选择各个领域的图书让孩子开始阅读，让他们感觉到自己和书籍并不遥远。

精彩提示：
巧妙地在阅读同时设计游戏，以测
算孩子的阅读速度，父母也要参加游戏，
一起比赛，孩子发现自己比父母阅读得多
时，会非常开心。

书，应该这样读

又厚又重且内容复杂的图书很难被随意阅读后理解。

读书也需要几种必要的技巧。短篇的童话和漫画在阅读时不会遇到什么问题，但是又厚又重、内容复杂的图书就很难通过自然随意地阅读而理解。

对于高年级的小学生，课本也是渐渐复杂起来，如果阅读效率不高，学业上也肯定会落后。对此我比较满意的就是，在我的孩子很小的时候就教给了他们高效阅读的方法，这也许是他们学业顺利的原因之一。

当然我的方法肯定不是最好的。但是儿子和女儿从小就能阅读厚重的大学教材，并且没有感到有压力，我相信我的阅读方法还是有一定效果。

孩子们在上小学的时候，我曾有机会做过几次“妈妈助教”。“妈妈助教”要担任助教老师的工作，这要花费不少时间，但也成为亲眼观察孩子身体、心智发展的宝贵机会，我欣然投入“妈妈助教”的角色中。

和孩子们相处上一段时间，自然对每个孩子的性格有个大概的把握，爱阅读的孩子和不爱阅读的孩子便能一眼分辨出来。

也许孩子们阅读的欲望很强，大部分的孩子拿到书籍并不留意封面的图画，甚至一眼都没看就开始翻起书来。封面的图画其实和题目一样重要，可以用来猜测书中的内容，而大部分孩子的表现令我稍感遗憾。

我从孩子出生6个月开始给他们读书，我总是要把书的书名、作者名字大声地读出来，而且让他们仔细观察封面的图画后才把书翻开。

养成这样的习惯，矢野祥和百合即使看教科书都习惯意味深长地看完封面才翻向正文。

孩子阅读章节很多的书籍时，我安排过游戏用来评价孩子的阅读速度。每天给15分钟到20分钟的时间让孩子阅读，然后与前一天的阅读量进行对比。

我也拿一本和孩子的书大小差不多的，一起参与比赛，每次当孩子发现自己比妈妈读得多时，他们不知道有多高兴。

可是如果单纯追求速度，书的内容却把握不住的话，阅读也就没有

Preview: 晚起步的孩子，可以根据适读条件略降一个水平开始，循序渐进调整难度和类型。

意义了。因此还有一个游戏就是在阅读结束之后，给孩子单独的时间，让他们把阅读的内容彼此复述一遍。家长以此可以判断孩子究竟是认真阅读了，还是囫囵吞枣只是追求速度。

阅读如果分成三个阶段，会变得更轻松。

第一阶段的阅读可以不考虑不懂的生词，只是大概地阅读一遍，了解故事的大体内容以及作者的意图。

第二阶段需要借助于字典，理解不认识的生词，不太懂的部分要单独拿出来反复阅读。

最后一个阶段，从头到尾再精读一遍。精读的时候让孩子复述每章的内容，并做些简单的读书笔记，这对日后写读后感有很大帮助。

之前说了让孩子广泛阅读，对书籍爱不释手之后，我通常是这样指导孩子进行精读的。

高效率阅读的几种方法

阅读前：

1 首先思考读书的目的。

2 然后思考将要阅读的图书属于哪一类，是以哪种形式写的。这对理解书的主题和素材有很大的帮助。

精读时：

1 随时检验对精读内容的理解，遇到难以理解的部分可以暂时停下来，思考作者想要传达的意图是什么。

2 读的内容在脑中形成画面，这样不易产生厌烦。

3 不要逐字逐句地顺着阅读，而是要让孩子理解每个段落、每个章节蕴涵的核心意思，思考故事线索是怎样展开的，这样有助于把握全书整体内容。

4 读书前的预想和推测，与阅读后了解的实际内容进行比较。

阅读之后：

1 书读完后像讲故事一样将内容复述给家长，这有助于记忆力提高和对阅读内容的把握。这也是检查孩子是否认真阅读的机会。

2 读书后产生的疑点使用网络或者其他资料进行检索，加以理解。

3 给孩子一些时间思考书中的信息是否能运用于现实生活，或者分析这些信息是否有益。

钻研问题的态度会让孩子在未来受益良多。

Chapter 2

Let's Read
让孩子喜欢读书的9个秘诀

我们家的读书时间

精彩提示：
对于孩子来说，爱玩是天性，玩是生活
的全部。所以家长应注意，阅读应该是愉快
的游戏活动，在孩子厌倦之前找到让他们好
奇的道具，会让孩子在阅读时相当愉悦。

使用能引起好奇心的道具

读书是一种间接的经验。

拥有一个让孩子爱书的家庭环境，并不意味着这个家是由大量图书构成的，可以说我的家里从来没出现过书籍或者别的教育玩具堆得到处都是的场景。

有人说过孩子一岁前要准备一百册书，到了两岁需要三四百册书，这样就能营造出一个和书共同生活的环境。

像这样根据孩子年龄购入大量书籍，用数学统计方法引导阅读教育的家庭也不在少数。

但恐怕过多的书籍只会给孩子带来畏惧的副作用。

我认为与其大量购入图书，不如灵活地使用图书馆，孩子们能看到其他人阅读的样子，而且教育孩子阅读的家长可以组成小组，彼此交换书籍，这是非常经济实惠的方法。

对于小孩子，爱玩是天性，玩就是生活的全部。所以，家长要注意到，阅读应该成为愉快的游戏活动，在孩子们感到厌倦之前找到让他们保持好奇的道具，这样孩子们在阅读中会相当愉快。

有次一位前辈从日本来到首尔，问女儿百合日本和韩国有什么不同点。

百合搭乘地铁的经验很丰富，她说韩国人在地铁里要么打瞌睡要么用手机看电视剧，而日本人主要是看书。百合能把地铁整条线路的站名按顺序背下来，对于地铁里的韩国人和日本人观察得很准确。

于是我赶忙辩解，韩国人因为工作劳累，所以更喜欢回到家中再阅读。我突然想到对于孩子，他们很愿意模仿父母的行为举止，在引导孩子阅读的时候，父母如果能先做出榜样，会给孩子多么积极的影响。

通常人们认为阅读是独自进行的活动，当然读书确实需要安静的场所独立完成。

但是我们要认识到，阅读之后的活动绝对不是个人的，孩子可以将阅读的内容给家长复述，扮演书中人物进行采访游戏，有很多阅读后的活动是孩子跟家长，或者其他阅读小组成员共同分享的。

阅读后的活动可以让更多的人参与进来，当孩子发现自己的阅读受到别人关注的时候，他也会体会到阅读的趣味。

还有如把购书券作为圣诞或者生日礼物送给孩子，带着孩子去书店买书，这也是一个让孩子喜欢书的方法。

像这样，只要父母肯用心，就能在日常生活中找到很多方法，让我们的孩子理解读书的重要性，并从中体味到读书的乐趣。

我们常说读书是一种间接经验。

有时，我很难用语言表达来教育我的孩子，而书却可以发挥出间接经验的作用，达到教育的目的。

比如有的书中描述了主人公处在危险之中，这时孩子会感到恐惧，可以采用对话的方式向孩子说明诱拐等以儿童为对象的犯罪现象。

精彩提示：
看孩子整理书架也很有趣，他们并不是简单地把书放在书架上，有时候他们会按照书的大小把书排列得整齐划一，而有时候他们也会突发奇想的将书排列成错落有致的样子。

整理书架，亲近图书

让孩子整理书籍，可以引入数学概念。

家长们可以在孩子的房间里摆放书架，这样安排的好处是让书和孩子朝夕相处，当他们早上睁开眼的时候，或是晚上进入梦乡的时候，总是有书陪伴着他们。

随着我的孩子们阅读量的逐渐增加，我也把书房的一角开辟出来，以供他们使用。并且赋予他们一项重要的任务，那就是整理书架。

看孩子们整理书架也很有乐趣，他们并不是简单地把书放在书架上，有时候他们会按照书的大小把书排列得整齐划一，而有时候会突发奇想排列成错落有致的样子。

我会要求孩子们按照图书内容进行排列，把关于动物的故事书摆在一起，或是将飞机、汽车、火车等交通工具的图书归为一类。

当孩子们学习了拼音或者字母表后，我要求孩子们把书架上的图书按照作者名字或书籍名字的字母顺序进行排列，这种排列方法与书店和图书馆一致，孩子也感到很有趣味。

有这么多排列图书、整理书架的方法，如此一来，图书在孩子心里就变得像玩具一样了。

让孩子按照书籍大小进行排列，图书就可以分成“最大的”、“大的”、“小的”、“最小的”，这时候可以引入数学的概念，在排列图书时引导孩子学会计算书籍的数量。

家长可以把书房里的书架或者书柜较低层留给孩子使用，除了放上孩子最喜欢的图书外，还可以摆上字典、儿童杂志，还有报纸和纸质地图等。

我每周定期带孩子去图书馆，所以他们对图书馆使用的借阅卡非常熟悉，这也可以运用在帮助孩子整理书架上。在孩子小的时候，帮他们绘制各种角色的图书借阅卡，如按照内容画上恐龙、汽车、火车等图画，或者制作写有图书名称、作者姓名的家庭图书卡片。

孩子再大点儿，认识字之后，可以根据图书题材、体裁分类，比如实用类、科幻类、游记类，甚或历史、诗集等等……让孩子用白颜色的卡纸制作写有图书名称和作者姓名的藏书卡，整齐地放在盒子里，整理起来有头有序井井有条。

这样让孩子根据记录清楚了解自己的藏书数量，以及每一种类的图书有多少。让孩子绘制图画制作图书馆卡片的过程，孩子从中感觉到书

Preview: 翻书的任务交给孩子，简单的动作却会带给孩子双倍的乐趣。

更加亲近。

孩子读书时的录音，或者有些书籍的音频资料，也要同藏书卡一起整理，这样想听这些音频材料时找起来很方便。

每一家书店在向读者展示新出版的书籍时，总会把图书陈列在最显眼的地方。

家长可以把刚从图书馆借来的，或是新购入的图书放在书架显眼的位置上，这样可以吸引孩子的视线，自然地引导他们阅读。

孩子们在我的家庭学校学习中也创作了自己的诗集，还有自己编写的小故事，我把孩子们的作品也放在书架上，作为永久保存的图书。这些作品会吸引好奇的目光，当客人们看到并取出翻阅的时候，孩子会感到自豪，这有助于培养自信心并提高他们的积极性。这一点小小的自豪感，就能成为写出更多“作品”的动力。

精彩提示：
在对的时间挑选对的书，选择贴近实际生活的书，让孩子在阅读的时候获得快乐，乐于畅游在书籍的海洋中。

从实际生活相关的地方开始

让孩子和文字亲近的机会很多，乘车的时候也不能浪费。

以前我们住在芝加哥的郊区，每到夏日总能听到蝉鸣，在炎热的天气里不免有些烦躁。孩子们却能结伴在大树的树干上寻找蝉壳，并且乐此不疲。

矢野祥和百合也毫无例外地热衷于此，每当收集了蝉壳回来，脸上总是挂着兴奋的表情。我当然不会放过这么好的机会，把蝉壳和书本联系起来，向孩子们提问“蝉为什么会脱壳”、“蝉鸣的声音是蝉的歌唱还是哭泣”等问题。有些问题作为家长也不能回答准确，就可以拜托孩子予以说明，这是引导他们查看书籍或者学会网络检索的好机会。这些问题都活生生地摆在孩子眼前，所以他们检索书籍网络都会更有热情。

当孩子阅读关于蝴蝶的图书，散步时就要让他们观察实物；当孩子阅读了历史书籍，家长就要在周末带孩子去历史遗迹或者博物馆参观，给他们和历史亲密接触的机会。家长如果能这样做，不仅引起孩子的好奇心，还拓宽了他们的知识面。

因此，我和丈夫在给孩子选择图书时，并不迷信“儿童类馆藏图书”或者“推荐必读图书”，看重的是书籍是否贴近实际生活，我们的目的是让孩子通过读书得到欢乐，在书籍的海洋里畅游。

餐桌上也少不了阅读。孩子们识字以后，把牛奶、果汁的瓶瓶罐罐摆放在餐桌上，孩子们会对自己喝下的东西产生好奇，继而阅读这些饮料包装上的成分说明。虽然这些说明大多是营养物质的专业术语，但并不脱离生活，孩子不经意间就会产生对科学初次接触的兴趣。

矢野祥考入大学那年，美国CBS电视台一档时事节目来到我们家里采访。记者问矢野祥：“你从小到大受到最严重的惩罚是什么？”

矢野祥想了一会儿，所给的答案让在场的人都笑了。“是一整天不让我读书，所以我只能读各种食物包装上的营养成分表。”

看着矢野祥意味深长的微笑，我妙手偶得的“营养成分表阅读教育”发挥了作用。

当我在制作曲奇饼的时候，让孩子们来帮我读食谱也是一个好的教育方法。食谱的阅读让孩子接触制作的前后步骤，同时接受“程序”的概念。食谱中会涉及到材料的用量，这也是向孩子介绍分数等数学概念的好机会。

让孩子和文字亲近的机会很多，乘车的时候也不能浪费。我开车的时候让孩子读出信号灯和交通提示板上的文字。孩子开始学习字母的时候，可以玩“寻找字母游戏”，规定一个字母，然后尽快在各种提示板上找出来。这种游戏在单词学习中发挥了等同于“闪卡”的作用，同时游戏的乐趣完全替代了路途的乏味。

让孩子给比自己年幼的孩子读书，也有益于开发孩子的自我动机[①]。

我们让矢野祥给妹妹读书，他就会自己安排读书的计划，讲故事的时候也自然地调整语调。妹妹听完故事提出问题，矢野祥耐心地予以解答的样子，让我们夫妇感到很欣慰。

提问解答的环节对于孩子将来的写作能力至关重要。写作其实就是把自己的想法用文字有条理地表达出来。提问和解答正是把个人的观点传达给别人的过程，这有助于孩子们提炼自己的观点，锻炼逻辑思维和表达能力。

① 自我动机是指孩子在求知和自我探索过程中，对已有的自我知识和信息，主动传播的倾向性。

日常生活中的读书游戏

1 尽早地给孩子定期阅读。父母读书的样子让孩子产生阅读活动很是有趣的印象，父母和孩子一起阅读也能使亲子关系更加亲密。

2 阅读的来源不只是书。走在路上看到的提示板、玩具的说明书、网络购物的订货单都能成为孩子阅读的资料，现实生活就是知识宝库。

3 创造安静的环境，和孩子一起阅读。孩子看着父母读书的样子长大，读书活动自然成为他生活的一部分。

4 每个月邀请一次邻居朋友或者同班同学来家，组织“图书交换会”。聚会上孩子们可以品尝美味的比萨，更重要的是和朋友交换图书。在交换图书阅读之后，可以组织一个“读后感聚会”，将阅读后的感想和观点与伙伴们分享。聚会的形式可以督促孩子认真阅读，又不至于太过正式，使孩子产生发言的紧张感，而发言练习却在潜移默化中达到效果。

5 乘车等无法阅读书籍的时候，可以和孩子玩玩“想象游戏”。比如提出“自己不能阅读怎么办，”孩子可能会说“不能阅读说明书，爸爸给的恐龙模型就无法组装了”。用类似的问题向孩子强调读书的重要性，也可以让孩子想象“多读书有哪些好处”等。

6 选择阅读的场合和时间，赋予更多趣味，让趣味活动和阅读融为一体。在朗读有趣的故事时，可以加入歌唱和简单的节奏。或者读完书让孩子享受着饮料和冰激凌，让他们畅谈阅读的内容。总之，想方设法让阅读变得更丰富有趣。

精彩提示：
地图是了解当地文化、历史、地域、
人种、语言的重要工具，也是带给孩子丰
富体验的好工具，一张纸蕴含这么有价值
的知识，是一本书也无法比拟的。

纸质地图代替电子导航

培养认识地图和地形图的能力相当重要。

全家外出旅行出发前，给孩子一个任务：查看目的地的位置和周边有哪些名胜景观。自驾旅行中让孩子事先查看纸质地图，而不要使用电子导航系统，把查看路线信息的任务也大胆地交给孩子。

旅行中教给孩子使用电子导航并不困难，但我总是不厌其烦地给他们配备上纸质地图。

在没有电子设备的年代，纸质地图就是指引方向的唯一指南，而对于现在的孩子，学会看地图也是学习高年级地理课的必修项目。通过网络检索名胜古迹和景点可以锻炼孩子的检索能力，同样对高年级的调查活动有益。

有位记者报道称2007年韩国高考文科考试中67%与韩国地理知识有关，同时指出地理知识不能仅限于教科书，培养认识地图和地形图的能力也相当重要。我对此认识表示极力赞成。有人会认为地图就是标注某个位置有什么的图画，但能完整地阅读地图其实并非易事。

地图并不是引导游客或者消费者的路线图，而是以约定俗成的符号表示地理地形特征。在地图上看到相关图示，能够再还原实地的山地和河川形态，是需要不少地理知识和读图技巧的。

我小时候对地图很不敏感，看到地图头就大了，于是希望自己的孩子能更好地掌握阅读地图的方法。要让他们读懂地图，以此来了解我们周围的生活环境和我们赖以生存的地球环境。

自驾旅行的途中我们会在休息区短暂停留，那里也有很多可以阅读的东西。比如给旅行者介绍当地信息的展示板，让孩子们阅读可以从中学习到该地区的文化和历史的知识。

孩子手持地图，一丝不苟地担当起向导的角色，父母在一边可以多提些问题。

“从北美洲一直向东，会见到哪个大洋？”“一直向南，能到哪个国家？”这样的问题看起来很简单，在轻松之中复习阅读地图的知识，并建立了“东南西北”的方向感。

让孩子熟悉地图最好的方法还是提问游戏。最初把美国地图复印放大贴在墙上，我说出某个州，让孩子找到并说出州府所在地。美国地理熟悉之后逐渐扩大范围，延伸到亚洲、欧洲、北美、南美、大洋洲、非洲和南极洲。

Preview: 孩子的第一张地图应该是所居住的城市图。

了解每个大洲有哪些国家，国家的首都是哪儿，这些问题就能很快地拓展孩子的地理知识。之后再细化到详细的地理信息上，继续地图的阅读。

孩子的第一张地图应该是所居住的城市图。虽然城市图里标注的线路异常复杂，但对孩子而言并不困难，因为路线和生活联系紧密，能引起他们浓厚的兴趣。

我并不仅仅满足于让孩子阅读地图学习地理常识，地图带来的学习是多种多样的，可以了解地域的文化历史知识，也可以了解该地区的人种和语言。地图是带给孩子们体验实地的道具。一张地图里蕴含的有价值的知识可能是一本书也无可比拟的。

帮助阅读地图的几个常识

地图阅读比想象的难，提问式阅读方法适用于引起孩子的兴趣，接下来就要学习把握细微信息的阅读方法。家长首先应该教会孩子理解地图的颜色和标识，这会让他们的地图之旅变得轻松许多。

1 地图是以人造卫星照片或者航拍照片为基础，以一定比例微缩绘制的图画。

2 地图有东南西北标示方向，有山、河流、海洋，还有标示道路等信息的符号。

3 地图的颜色主要有蓝色、黑色、绿色、褐色和红色。蓝色当然是和水有关，除了江河湖海还包括瀑布和溪流。黑色表示的是人造事物，如建筑、铁路、公路等。绿色表示的是草原、平原和山地，也可以表示公园、果园和农田。褐色表示地形较高的地区。红色表示密集的建筑群和观光地等信息。

4 地图上会显示出重要的历史信息。

地图图例

标 记	意 义	标 记	意 义
★	中国首都		高速公路
◉	省级行政中心		国道
◎	地级市行政中心		河流
⊙	县级行政中心		湖泊・河岸线
	港口・机场		运河
	桥梁		渠道
	长城		沙漠
	国界、未定国界		医院
	省（自治区、直辖市）界		学校
	未定省界		体育场
	特别行政区界		立交桥
	外国地区界		宾馆、饭店
	军事分界线		景点

注：本图例已替换为中国常用地图图例。

精彩提示：
如何在偌大的图书馆中找到自己想要的图书？在去图书馆之前家长就要教会孩子，以免到了之后手忙脚乱。

图书馆，心灵的超级市场

图书馆不只是一个借书的地方。

图书馆成为我两个孩子日常生活中不可缺少的重要地点。每周我们都要去一次图书馆，孩子们拿着印有他们名字的图书卡进入，在图书馆阅读一段时间，然后再选择两三本图书连同配套的视频资料一起借出。

现代的图书馆都是全电子系统管理，所以带孩子去图书馆之前，要让他们学会怎样使用电脑检索书籍资料，这些也应该是小学高年级必修的技能。

图书馆检索方法比打字录入还要简单，只要学了识字的孩子都能轻松掌握。

家长们不必亲自教孩子学习图书馆的电脑管理系统，应该让孩子求助于图书馆的服务志愿者。因为他们对于图书馆的功能设置远比家长清楚，能告诉我们很多未知的信息。鼓励孩子多与图书馆职员和其他读书的孩子交流，可以增进他们和图书馆的亲切感。

我们无须教给孩子电脑检索方法，取而代之的指导是让他们学会使用老式的图书检索卡。

女儿百合曾经听过一门关于“技术性写作”的课程，有一次教授让学生们脱离电脑使用图书检索卡来搜索资料，这对于百合当然是小菜一碟，很快她就得意地完成了教授交代的任务。

虽然现在的图书馆数字化非常先进，但还是有一部分珍贵的原始资料没能录入系统，而且机器总会有失控的时候，这时老式的检索卡方法就派上了用场。

美国有一个公益活动，叫做“从摇篮抓起”（Catch'Em in the Cradle）。活动从佛罗里达州开始向其他州传播开来，倡导的就是阅读应该从摇篮中的孩子开始抓起。很多家长在孩子出生的医院，还有领养孩子的父母在相关机构都能通过这个活动收到一个包裹。

包裹里除了有关居住地周边的图书馆信息，还有帮助孩子开发语言能力的游戏和歌唱教案，以及值得给孩子阅读图书的目录。

这个包裹和医院祝贺孩子出生的礼物一起送到家长手里，是要告诉家长阅读和图书馆对于孩子成长的重要性。当时，我的孩子出生的州并没有这种包裹，我们对于医院的小礼物已经很满足了，现在看来多么希望世界各地的父母都能收到这样的包裹。

图书馆不只是一个借书的地方，每一年图书馆都会举行很多公共活动，很多活动的服务对象都是小读者。我的孩子从小就参与了诸如图书馆邀请专家讲故事和唱歌比赛等活动，这些都成为他们童年的美好回忆。

图书馆还会给3岁以上的孩子组织美术作品创作活动和人偶展览，这些团体活动让照看孩子的父母们获得难得的休闲时间，可以自己安心看会儿书。

我在家庭学校里教孩子，图书馆是常去的地方，就像是我们自家的书房。当碰到一个题目需要查阅大量资料时，图书馆就显得格外便利，这是孩子们更加喜欢图书馆的原因。当你时常拉着孩子的小手走进图书馆，这一行动就成为日常生活的一部分，深深地印在他们心里。

图书馆欢乐之旅的建议

1 给孩子办理图书卡，尽量多地使用。

2 让孩子学会电脑检索的方法，自己教孩子和让图书馆志愿者教授都是很好的方法。让孩子与图书馆里的人熟悉起来，消除他们对图书馆的陌生感。

3 尽可能地让孩子多使用图书馆资料，学校留的作业不要简单地用网络检索完成，鼓励孩子去图书馆广泛使用图书资料。

4 养成好习惯，小心使用图书馆里的公共设施，借阅的图书按期归还。

5 经常带孩子参与图书馆组织的活动，让他们留下深刻印象：图书馆是带来欢乐的地方。

6 鼓励孩子参加图书馆的书友会。如果所在的地区没有那样的读书小组，可以和其他家长组织一个。定期地带着孩子在图书馆聚会，阅读并借阅。激发孩子的阅读积极性，可以在他们完成一定数量阅读之后，颁发小礼物或者写有他们名字的小证书。

BOOK

精彩提示：
有的图书只有图画，完全没有文字，这类书也有很强的教育意义，而且家长要学会凡事循序渐进，过快地让孩子接触纯文字图书，有可能适得其反。

图画书，孩子们的视觉艺术初体验

读书前用手抚摸封面的质感对孩子来说也很好玩。

不知道是不是因为我是美术专业出身，我从来都是对画册情有独钟的，每次路过书店总要进去翻看新出版的画册才能满足。

女儿百合喜欢看连环画，她总是捧着厚厚的书本坐得远远地独自欣赏。某篇心理学研究报告说，连环画类的画册图书不仅增添阅读的乐趣，对帮助孩子加深对外部世界的理解也有至关重要的作用。特别是与生活事物相关的图画，帮助孩子适应陌生的事物，有很好的教育意义。这篇研究报告是基于对132名18个月大、24个月大、30个月大孩子的观察研究得出的结果。

我们的孩子是从6个月大开始坐在我们膝盖上开始了图画书的阅

读。带图画的书种类也有很多，选择起来也颇费心思。有些书籍的配色使用了蜡笔风格，这有利于图画表现情感，但我会更愿意选择吸引孩子视线的原色配色图书。

故事书当然也要考虑情节，一口气快速读完，能够同意作者的观点并且有感而发，这样的书才值得给孩子读。情节紧凑、能够引人入胜的图书当然好，但我个人更偏爱不急于下结论的故事，这样能留给孩子更多想象的空间。

我不会直接把故事读给孩子，读之前要让孩子知道书籍封面和封底的存在，让他们用手去抓持书籍，用手指抚摸封面。当柔软的皮肤碰触着碎布和塑料装饰，孩子感受着触感的不同，有利于他们触觉的开发。孩子对各种各样的材质产生新奇感，做出不同的表情，至今让我记忆犹新。

有些家长在给孩子读书的初期就迫不及待地引入识字教育，读书的同时使用识字卡片，也有使用各种闪卡的。可是我从没使用过那些教具，只是增加重复阅读，让字自然地印在孩子脑中。

有的图书只有图画，完全没有字，这类书也有很强的教育意义。孩子提出的问题一般大人们都能予以准确回答，家长们可以用画书教孩子学会动物或植物的名称，但是有些画书内容却需要发挥想象力。“为什么这只羊爬上了树？”类似这样的问题需要家长更深刻地理解作家的意图，把书中的图画灵活使用，以达到教育目的。

可以根据图书中事物的名称、颜色、形状，和孩子玩“寻找相同点的游戏”，在游戏中看着图画，我们可以提出很多“为什么”。

随着孩子年龄增长，遇到的问题会和科学常识结合起来。比如图画中的花草生长的环境和季节是什么，蜜蜂怎样在花朵中采蜜等，都是要伴随着阅读教会孩子的常识。

另外，不管孩子多大，永恒不变的好游戏之一就是编故事。给孩子读完一个故事，家长可以再编一个新的，登场人物的名字可以用孩子的昵称或者小朋友的名字，这让孩子产生亲切感，有时可以设置意想不到的故事结尾，让孩子哈哈大笑。

家长要知道，图画书也是可以“阅读”的，不要担心孩子总是沉浸在图画中，即使是小学高年级的孩子，也可以读带有图画的童话书。因为孩子们在图画书中成长，想象力和审美能力的形成都是他们成长过程中巨大的财富。

精彩提示：
在阅读的过程中，要时刻观察孩子
能否跟上自己，并对阅读速度进行调整，
毕竟年龄越小的孩子注意力集中的时间越
短，家长要注意避免让孩子厌烦。

从妈妈的故事到大学专业书籍

妈妈的嗓音是孩子欢乐的源泉。

孩子多大的时候开始给他们读书呢？对于这个问题大家各持己见。之前提到过，我的孩子是从六个月大时开始的。在读书之前，当妈妈所能做的就是抱着孩子唱摇篮曲，或是推他在婴儿车里散步时讲些孩子听不懂的故事，这些都很重要，因为妈妈的嗓音就是孩子欢乐的源泉。

孩子如果对看电视产生了兴趣，就很难再把他们从电视机前拉走，因为什么事一旦形成习惯，都是很难改变的。要让孩子形成阅读的习惯并不意味着不停地买书，更重要的是全体家庭成员在实际生活中参与进来，家庭氛围会带来显著的效果。

有时候家长因为疲倦或者繁忙没有时间给孩子读书，要和孩子约定第二天多读一本补上，这是为了不让孩子与阅读产生隔膜。如果家长状态不好还要勉强读书，达不到效果，对孩子也没有益处。像大多数的父母一样，我们每天给孩子读书至少三十分钟。丈夫也会在下班之后给孩子读书，我们夫妇每天给孩子阅读的时间加起来超过一个小时。

给孩子读书不能只让他们干坐着，毕竟越是年龄小的孩子注意力集中的时间越短，家长要注意避免让孩子厌烦。如果发现孩子无法集中注意力，可以先玩一会儿，让孩子玩玩可以触摸发声的电子书，或者可以折叠变形的玩具书。

孩子的想法会让大人摸不透，有时他们会一整天让我读同一本书，很难想象连续读几十遍的内容会让他们这么喜欢。孩子们还有天才的创造能力，没有文字的小画书在他们那里能轻松地编出新故事。

百合小时候读书没有挑剔，而矢野祥有一阵完全沉溺在关于汽车、火车的图书里不能自拔。强制地更换阅读内容只会让孩子更加固执，我只能把更换内容的想法放在心里，继续读孩子喜欢类型的图书。但当我们出去散步的时候，孩子们观察昆虫时，我就把事先准备好的关于昆虫的图书拿出来，这样很自然地转移了孩子的视线。

家长翻开书开始阅读和阅读结束合上书的时候，都会试着变换自己的声调，大人们觉得这很有趣，但孩子可能感觉不到。在合上书的时候对孩子说一句“现在是走进梦幻王国的时候了”，可以让孩子愉悦地进入梦乡，家长也可以设定个性的声音作为阅读时间的信号，会让阅读时间更有趣味。

图文混合的图书，文字较少，家长可能一口气就读完了，这时候需要提问孩子故事的内容以评价孩子的理解程度。然后根据孩子感兴趣和不太理解的部分，从头到尾再细致地给孩子读一遍，这对孩子理解故事有很大帮助。

在慢慢阅读的过程中，可以提出问题，比如“之后又发生什么了”、“这个人走另一个方向会怎样”、“你遇到这种事会怎么办”等。如果过多提问，会打断阅读的进程，影响孩子的注意力，所以家长在阅读过程中，要时刻观察孩子能否跟上自己，并对阅读速度进行调整。

书中容易找到答案的问题可以用来考查孩子的理解能力，但切记不要让问题过于正式，那样易形成考试般的感觉。孩子答不出来就给他些暗示，即使答错了也要保持愉悦的气氛，帮助孩子重新寻找答案。

孩子和大人感觉到的时间概念是有很大差别的，即使是很短的时间，在孩子的世界里可能感觉很长。如果长时间回答不出问题，会让孩子产生不愉快的感觉。家长无论孩子回答正确与否，就算是在提示下作答，也要对孩子说“答得好”、“好想法”等，做出积极的鼓励。

读书翻页的时候，把这个任务交给孩子，他们能从翻页这个简单动作中感到双倍的乐趣。当孩子读不下去的时候，我会学电子书里的声音发出“叮咚”，来暗示孩子坚持阅读；如果阅读得顺利，孩子会跟上所读的内容很主动地翻页。妈妈发出的提示声音会让孩子感到有趣，他们自己在翻页的时候也会跟着模仿起来。

随着孩子识字能力的提高，家长和孩子可以轮流朗读一句，继而引导到整页都由孩子朗读。读到不解之处，家长不要急于给孩子解释，先让孩子自己在字里行间寻找答案。有时候他们对于词语和句子的理解有较大偏差，但会展现出孩子可爱天真的想法，令家长笑得合不拢嘴。

孩子充分理解书的内容后，可以进行单词练习。书中会出现关于触感的单词如“柔软、坚硬”，表示情感的词“悲伤、高兴、兴奋”，还有形容大小重量的词“小、重、轻”等，让孩子把这些单词按照组别进行归类。

这种词语归类游戏有点像猜谜，很容易让孩子感兴趣，在归类的过程中孩子会再次阅读，这又帮助他们理解故事内容。

当孩子开始接触有些厚度的大部头，是需要父母在一旁予以帮助的。厚重的图书都是文字没有图画，从外观上就容易让孩子产生畏难心理。最初接触大部头书籍阅读的孩子恐怕很难独立理解并掌握。

我们的孩子阅读水平相对较高，在幼儿园的时候已经能够阅读数十页的书籍了。我需要做的就是先于孩子阅读这些书，并在他们阅读前简略地介绍书中涉及的文化历史背景。

比如在孩子阅读爱因斯坦的书前，告诉他们关于爱因斯坦离开德国定居美国的原委，告诉他们爱因斯坦后悔自己制造原子弹的原因等背景。为了详尽地说明，可以让孩子们看看爱因斯坦写给罗斯福总统的关于制造原子弹必要性的信件。这些阅读前的活动不仅有助于阅读，更重要的是教给了孩子钻研问题的态度。严谨治学的态度会让他们未来的大学生活受益颇多。

孩子读神话故事时，要让他们带着问题阅读，思考“书中出现的重要人物是谁”、“解决问题的关键点是什么”、“事件如何得到解决”等问题，当他们写读后感的时候就会觉得条理很清晰。

读人物传记时，引导孩子独立思考问题，比如“主人公和普通人

Preview: 过多的书籍会给孩子带来畏惧的副作用。

有何差别”，“伟人有趣的性格特征是什么”，“从传记中得到的教训”，“如果能见到这个伟人，想提出什么问题”……

孩子阅读人物传记时可能更多地关注写实性的描写，但相对于这些客观背景，更应该思考并领会的是伟人受到尊敬的理由。读名人传记需要的是独立思考能力，所以具备判断能力的小学三年级的孩子就很适合名人传记的阅读了，但若是把一堆传记丢给处在幼儿园的孩子，恐怕没有任何意义。

经常询问孩子们阅读后的感受，也许得到的是简单的答案，“有趣”、“无聊”、“难过”……这都是孩子单纯情感的表露。但要想把读后的感受用文字更详细地表达出来，则需要孩子发挥逻辑思维能力。

当他们回答“难过”的时候，家长不要以“这样啊？”作为结束，而是继续追问“哪一点让你感到难过”、“从那件令人难过的事件中学到吸取了什么教训”、“令人难过的事件过后发生了什么”，这些追加的问题给了孩子再次思考的可能，他会通过思考获得新的知识和信息。

关于论述能力的测试在大学入学考试中占有很大比例，因此从小让孩子读一些报纸新闻也是有好处的。在许多国家有专供儿童阅读的报纸，我们和孩子第一次阅读时就挑选了带有照片的新闻，和孩子们对其中的热点问题展开讨论，根据新闻的要点写出梗概。（可以参考本书系列第二册《写作》）

对于思考判断尚未成熟的孩子，报纸传达的某些观点可能没有教育意义。因此父母还得事先选择好阅读的主题，并将记者表达的意义和主张加以分析，这样才有助于孩子理解消化。

精彩提示：
最佳的阅读习惯形成期是在幼儿期，
但并不意味着错过这个阶段就必须放弃，
错过早期接触图书的孩子缺少与图书的亲
近感，让他们产生兴趣是关键。

晚起步阅读图书的孩子的教育

读书应该是悠闲的享受。

读书应该是悠闲的享受。

但是我们的孩子却每日奔走在各种课外补习班和兴趣班，哪儿还有悠闲的时间用来阅读呢？

几乎所有人都会异口同声地说阅读是学习的基础，如果没有养成良好的阅读习惯，孩子到了小学高年级就一定会跟不上了。

阅读习惯最佳形成阶段是幼儿期，父母需要格外用心帮助孩子养成习惯，但错过这个阶段并不意味着放弃。错过了早期接触图书的孩子缺少与图书的亲近感，因此让他们对阅读产生兴趣是最为关键的。

与其每周强迫孩子阅读一定量的书籍，不如找些插画较多的图书，或者配有漫画的幽默图书，这都能引起孩子的阅读兴趣。

很多大人认为带有图画的书是小孩子阅读的专利，但这些书适合于晚起步的孩子，大人不应该以插画的多少来判定书的作用，而要灵活运用其中的内容。

家长们费尽心思，整天跟在孩子屁股后面催促着读书，却不见得有效果。我的建议是把阅读时间留到孩子入睡前，这个时间段孩子比较容易安静下来，这样把阅读作为睡前的一个习惯。

可以让孩子自己挑选要读的图书，但家长也要提前备课。时刻记得自己是讲故事的人，提前练习讲故事需要的声调和语感，这样才能吸引孩子。

馆藏图书一般都注明了适合阅读的年龄或者年级，但是孩子的学习能力不一定与年龄或者年级成正比，所以适读条件只是参考。对于晚起步的孩子，可以根据适读条件略降一个水平开始，循序渐进地调整阅读的难度和种类。

开始读书之前，父母要清晰地把握图书的主题和内容的不足，如果有不理解的词语也要事先查明，要记住父母永远要走在孩子前面。

Preview: 封面的图画和题目一样重要，可以用来揣测书的内容。

解决“起步晚”“讨厌阅读”的方案

1 不要强迫阅读，考虑灵活使用报纸、杂志、订货单、百科辞典等资料。

报纸：报纸上的文章使用实用性文字，因此风格简洁，便于理解。有些报道写得风趣幽默。记者记述了他所在地区发生的事件，这能引起孩子求知的欲望。阅读时要让孩子关注大标题和副标题，加强对文章的理解。

可以引入一个组合游戏，把孩子读过的报道和相关图片打乱，让孩子重新配对组合。这个游戏可以巩固孩子阅读获得的信息，使读报活动变得有趣。

也可以让孩子在报纸上寻找某个特定的地区或修饰语。报纸记述了世界各地的事件，读报也能帮助孩子学习地理知识。

杂志：杂志的类型要选择孩子感兴趣的领域。杂志文字多使用高级词语，家长要事先确定阅读的杂志使用文字和语法没有错误。

订货单：衣服、玩具的订货单配有图画，让孩子读起来不觉得乏味，说明的文字可以让孩子学到很多专业术语。

百科辞典：让孩子查找自己想知道的知识，比如“台风”，家长可以补充资料加以说明，或引起相关的讨论。百科辞典是寓教于乐的好工具。

2 有的孩子不喜欢阅读，固执地只阅读某一领域或某一种类的书籍。

对于这种孩子的阅读习惯，父母可以在读完书后联系类似的题材和孩子展开讨论，让孩子积累更多这一领域的知识，慢慢地通过类似的题材将孩子的好奇心转移。

3 使用音频材料。在父母读完、听过音频之后让孩子独立朗读。

在父母读完之后再听音频材料，可以减轻孩子的阅读负担，更好地把握故事内容。让孩子朗读每一章节并录音，让他们听到自己的声音。

4 不喜欢阅读的孩子往往会沉溺于看电视。让孩子远离电视，只有用于阅读训练时才使用电视。

我为了教孩子学一点西班牙语，打开西语频道，让他们跟读电视上的字幕。

5 将趣味活动引入阅读练习。

喜欢做饭的孩子让他们读食谱；喜欢飞机、恐龙模型的孩子让他们读说明书，训练他们独立阅读的能力，因为对于喜欢的领域他们能迸发出克服困难的热情。

6 每周至少一次的家庭阅读时间。

选择适合孩子难度的书籍，家人一起阅读，读完一起讨论书中内容，及时发现孩子不理解的部分予以说明。

当孩子朗读的时候，即使他们读错了字词也不要从中打断。等到一轮朗读结束后，纠正他们的错误，并再次大声朗读出错的部分。

家庭阅读时要注意保护孩子的自尊心，同时父母要全身心投入其中，让孩子感受到周围的愉悦氛围。

7 不要每次都提问孩子“从中学到什么”、“书的主题是什么”等问题，这会给孩子带来不小的负担。

8 不要强迫孩子写读后感。对于起步晚和不喜欢阅读的孩子，最重要的是培养他们阅读的耐性，试着帮助他们理解内容，讨论哪些部分感到有趣就足够了。等到他们真正地对阅读产生兴趣再写读后感也不迟。

9 孩子从电视电影中知道的故事，他们会乐意再阅读相关书籍。有时候他们也舍不得放下读了很多遍的书。家长不要觉得这是不思进取的表现，要知道孩子的心理活动很复杂，他们也会拒绝带来压力的事物。

有的孩子不喜欢读书，却对某一本书背得滚瓜烂熟。家长对此可不要担心，上网帮孩子寻找类似的故事。如果孩子喜欢灰姑娘的童话，你可以找到类似的题材，比如韩国传统故事《绿豆和红豆》，和灰姑娘的故事一样，内容都是主角由于心地善良而获得身份的转换。

虽然这些故事题材相近，但各国文化差异的存在会使故事结局有所不同。不同的故事结局让孩子理解到生活的多样性，也可以借此开发他们的想象力。

同题材的故事可以减少孩子阅读的压力，同时接触到不同的文化，读完后和孩子讨论两个故事的异同。

故事中涉及到异域文化，可以带着孩子检索学习，也许能给孩子带来一个新的兴奋点。

这样啊……？
BOOK
BOOK
为什么

精彩提示：
父母的行为是孩子的一面镜子，父母的榜样作用是无可替代的，孩子的阅读习惯也是由父母养成的。

让父母读书的样子印记在孩子记忆里

书不是强塞到孩子手里的。

有无数的文章指出孩子的阅读习惯是由父母养成的。纵然这个观点已经被反复强调，还有家长会笑着问我："除此之外没有别的方法吗？"我对此只有一种回答：父母的行为是孩子的一面镜子，父母的榜样作用是无可替代的。

在美国无论是托儿所还是幼儿园都有明确的阅读时间，家长也形成这样的认识，当把孩子寄托给保姆的时候，除了玩具和食物，还要准备好让保姆给孩子读的书。

有一次，我的邻居有急事把孩子寄放在我家里，十万火急的事情面前邻居也没有忘记把孩子读的书带过来。少读一天书也许不是什么大事，但家长要意识到习惯的养成不应该中断。

每个周六是给孩子发零用钱的日子，零用钱之外会再给他们10美元的购书费。我们家有一个规定，一个月只有一次购书活动，之外必要的图书都去图书馆借来阅读。当每个月第一个星期六“法定购书日”到来时，孩子们冲进书店恨不得在里面待上一整天。

作为购书费的10美元真的不算多，因此孩子们会学会节省自己的零用钱用来买书。

我们家也会定期光顾芝加哥大学图书馆的打折销售，可以用很少的钱得到意想不到的收获。我们有时也会带着孩子去些特别的书店，好像参观活动一样，当孩子迈入书店大门那一刻，他们觉得书籍对自己是多么重要。购入自己喜欢的图书，再带着孩子在喜欢的餐馆吃晚餐，这样的周末会让孩子感到满足。

我之前已经强调过很多次，书不是强迫塞到孩子手里的。

但我们也不能等待着孩子自己一夜长大开始阅读，从小培养阅读习惯的唯一捷径就是全家人共同参与阅读活动。

我们家里看电视的时间很少，取而代之的是人手一本书的阅读时间。晚饭后每个人都在读书，或者讨论最近报纸杂志里的热点话题，同家人分享读书心得体会。

孩子们并不是一开始就这样的。我们要让孩子看到父母读书的样子，在孩子能够独立阅读后，在晚上或者周末设定一个家庭阅读时间，漫画书也好，深奥难解的哲学书也罢，只要孩子在阅读，家长就不要干涉他们。

Preview: 即使是获奖图书，也不一定能保证是真正有价值的。

孩子最初阅读的时间坚持不了很久，他们内心可能想要玩耍，于是偷偷地看看父母。这时，家长只要继续安静地阅读就可以了，即使他们耐不住性子去玩玩具，也会感到一丝羞愧，最终会模仿家长的样子继续阅读。经过长时间的家庭阅读，孩子自然会养成习惯，主动地找书拿起来阅读。

对21世纪的现代人来说，电脑是重要的工具，电脑上也开发出了帮助孩子阅读的练习软件，对于很难集中注意力的孩子是有一定效果的，可是阅读训练完全依赖于电脑也会出现问题。

我的孩子5岁前都没让他接触电脑。让孩子过早地坐在电脑前，小眼睛紧紧地盯着屏幕，这不利于孩子创造性潜能的培养，过多的电脑阅读也会让孩子排斥纸质的书籍。

因此5岁前，书籍是最重要的教育手段之一，孩子从周边的自然环境中开始接受教育。有的书太过厚重不便携带，家长可以借助阅读网站，让孩子在网上开始阅读，但这类活动每周不要多于一次。不要把孩子独自留在电脑前，电脑阅读也需要父母的陪伴，一起讨论，一起欢笑。

通过网络阅读熟悉的作品，日后家长可以买回纸质的书籍，孩子因为熟悉可能会一口气将其读完。不要总是唠叨让孩子读书，只要告诉他们这本书值得一读就足够了。

有一次，我发现了儿子矢野祥的书上第一页画了很复杂又有趣的图画，看上去好像三个脚印的圆形，儿子告诉我那是他的签名。“签名怎么那么复杂呢？”在大人眼里很奇怪的行为，孩子却乐此不疲，矢野祥把新购入的图书内页都画上了“签名”。我也渐渐发现他更加爱护这些属于自己的书。

也许每个人都有占据属于自己东西的欲望吧，但不管怎样，矢野祥特别的签名确实让自己和书籍更加亲近了。

培养孩子读书习惯的建议

1 不要规定孩子每天或者每周的阅读量。

2 一周保证有一次定期的家庭购书活动。

3 在零用钱之外给孩子购书的费用。

4 一周至少一次晚饭后关掉电视，全家人安静地阅读书报。不一定非让孩子读书，看漫画也没关系，只是形成定期安静地独立阅读的习惯。

5 购买报纸杂志，让孩子朗读，阅读的对象不仅仅局限于书籍。

6 日常对话中随时提示孩子读书的重要性。

7 带孩子时常光顾图书馆或学校举办的读书打折促销会。

Chapter 3

Reading Activities
培养独立阅读的习惯

BOOK

精彩提示：
读书是重要的，但若不能从中获得快乐，绝对没有人愿意主动拿起书来阅读。别强迫孩子读书，让他们对读书产生乐趣才是最重要的。

使阅读充满趣味的15个读书活动

和孩子交谈引导他们接触新领域。

读书是重要的，但若从中得不到快乐，我想没有人愿意主动地拿起书本。因此，我还要不厌其烦地说，别强迫孩子读书，首先要让孩子产生读书的乐趣。

我们的孩子从小就埋头在书籍里，有人说他们简直是“读书中了毒”，有为孩子读书问题担忧的家长也会向我们夫妇投来羡慕的目光。但是“读书中毒症”背后，不仅仅是给孩子买大量图书，也不只是带他们定期去图书馆这么简单。为了能调动孩子阅读的兴趣，我们夫妇付出了很多心血。

为了不让孩子局限于一个题材的阅读，我们查找类似的题材，和孩子交谈引导他们接触新领域；有的书中出现了某种食物，我们就制作给他品尝；为了让读书有趣，我们想方设法把美术活动引入其中；带着小狗外出散步的时候，我们会和孩子谈论起读过的故事；虽然有的书读过了很多遍，但为了引起孩子的兴奋，我们还要做出夸张的表情朗读；在公园的长椅上，天马行空地给孩子编出新的故事结局……这些珍贵的记忆现在想起来都是历历在目。

别的家长问起我们读书教育的秘诀时，我就把这些故事告诉他们。有的父母会说这对于双职工家庭又怎么能实现呢，工作是那么忙，下了班又很劳累。我不知道自己作为家庭主妇究竟节省了多少时间，但我确定的一点是家长对子女教育必须付出心血。

下面我举出了15个有趣的读书活动，并不会占用太多时间，对场所也没有特别的要求。有的家长认为教育孩子的时间和效果是成正比的，而我相对于时间更看重效率。

和读书同时进行的15个活动

1 让孩子朗读书籍并录音，之后再放录音会增添读书的趣味。如果书的篇幅很长，就选择其中的部分章节录音，带着孩子给录音带或者刻录的CD做封套。

给孩子一些提示，比如把自己的形象画下来等，让孩子自己设计封套样式，家长和他们一起动手制作。看着有自己头像的CD封套会提高孩子的自信

Review: 没有巨额财富却倾尽所有用于子女教育，失败几率大于成功，而且还会让子女倍感压力。

心，即使过了很多年再拿出来看时也会感受到那一刻的成就感和幸福感。

2 给孩子在家人面前朗读的机会，并予以鼓励。

当孩子渐渐能写一些小诗时，教给他们朗读的感情和调整语调的方法，鼓励他们在人们面前朗读，这会提高他们的语言表达能力。

3 把书中内容和现实生活联系起来。当孩子读到描述形状或者介绍动物的书时，妈妈可以带着孩子自制各种图形，或者制作动物形状的曲奇饼。

让孩子阅读制作曲奇饼的食谱，按照步骤制作，和妈妈一起制作食物也会成为重要的童年记忆。同样的方法还可以引导孩子通过阅读说明书，制作风筝等组合器物。

4 和孩子散步的时候玩“读出信号灯提示板”游戏。

散步时教给孩子公园里花草树木还有游乐设施的名称，教他们区分动物和植物、生物（人、动植物）和非生物（汽车、自行车、提示板）。

观察行人走路的样子，教给他们“快的、慢的、跑”等词语，让孩子学会观察。

5 根据书中人物的设定，提出“假如他做出另外的决定，结果会怎样”的假设问题。

当孩子没有把握准问题迟迟做不出回答时，父母把自己的想法告诉孩子，再给他们思考的时间。这些活动在理解故事情节时有很大帮助，能丰富孩子的想象力，培养孩子形成自己的观点。

6 理解书中出现的单词，和孩子玩猜字游戏。当孩子学习数字时，也可以引入猜数字的游戏。

7 在阅读之前让孩子预测故事情节如何展开。阅读之后让孩子比较实际内容和预想的差异。

8 和孩子讨论书中插图对理解故事内容有什么帮助。

9 在旅途或是乘车的时候，和孩子一起玩编故事的游戏。

家长和孩子中的一人先开始，然后交替着编出故事发展的情节。这是丰富孩子想象力的方法之一，也可以通过孩子编出的故事来分析他们处理事情的解决方法。利用这个机会可以很自然地了解孩子对于事物的看法和处事态度，同时家长可以通过编故事把很多教育目的用故事情节表达出来。

10 书中出现的动物和昆虫，家长可以模仿它们的动作和声音，让孩子积极参与模仿。

11 当孩子要求重复阅读某一页时，不要跳到下一页。阅读时时刻注意孩子的反应，在他们听得厌烦之前，灵活使用文字和图画向他们提问。

Review: 父母与孩子一起读书会让孩子没有厌恶感地将学习和读书关联在一起。

12 当拿到一本内容完全不了解的书时，假想故事的结局。

给孩子读陌生的故事，在结局即将明了之前中止，让孩子提出他们想象的结局。然后继续阅读，让孩子比较他们设定的结局和作者的想法有什么不同，这有助于提高他们的判断、思考能力。

13 灵活使用书中出现的动词。

比如碰到“微笑”、“哭泣”、“又蹦又跳”等词语，让孩子做出相应的表情动作，孩子也就随之融入故事之中，这个活动对不识字的孩子有很好的教育效果。

14 阅读连环画前，先简略地把故事梗概告诉孩子，让他们把脑中联想和猜测到的情节用图画表现出来。看完书后，让孩子比较自己想象的画面和实际内容有什么不同。

15 我对孩子的阅读教育中从不使用电视和视频材料。

当视觉资料不会影响到孩子书籍阅读时才能使用。对于不喜欢阅读的孩子，视觉资料的引入是有效的。

比如在孩子阅读《德斯特老师》前，先用网络检索书中老鼠和狐狸的形象给孩子看，这样他们在读书的时候就会有亲近感。网络检索的图片可以让孩子建立对某些特殊动物的形象认识，对他们的知识积累也是有益的补充。

精彩提示：
孩子稍大，家长便不可能把孩子读的书通通读遍，但要知道孩子在阅读什么，并查阅相关的文化历史背景知识，与他们共同探讨书中内容。

帮助孩子理解书籍内容的10种方法

帮孩子整理阅读目录，并参与读后讨论，有助于让孩子理解整本书。

坐在妈妈腿上听故事的孩子总有一天会自己开始阅读。家长虽然对孩子离开怀抱感到一点依依不舍，但看到他们独立地捧起书阅读，心里满是欣慰。虽然孩子开始独立阅读，但是还不具备独立理解内容的能力。

这时候家长已不可能把孩子读的书都读遍，需要做的就是知道孩子在阅读什么书，查阅相关的文化历史背景知识，与他们探讨书中的内容。家长还需要了解该书作者的写作动机。

帮孩子在阅读之前整理好阅读的目的，在孩子读完后参与到对结局和人物的讨论中。孩子到了小学高年级应该具备很强的理解能力，这种能力是父母多年培养的结果，而非各种补习班短时间能锻炼出来的。

以下10种读书活动，需要家长付出心血为孩子打下坚实的基础。

帮助孩子理解书籍内容的10种方法

1 家长要知道自己对书籍和作者的了解程度，事先查阅历史文化背景知识，可以帮助孩子扫清理解障碍。

2 回想过去孩子读过的书中与目前要读的书是否有相似之处，做出整理。

3 书中出现的生词和难词要先查出来，将书的名字、作者资料和难懂生词等抄录在便笺上。生词不要单独解释词义，还要列举出同义词和反义词，必要时抄录例句。

4 和孩子讨论，如果自己遇到书中主人公经历的状况该怎么办。

5 问问孩子书中是如何解决问题的，对于书的结局是否满意，如果不满意自己有什么解决方法。

Review: 思索问题会锻炼孩子的批判性思维和逻辑思维能力。

6 对于书中过分荒诞、现实中绝对不会发生的部分，与孩子展开讨论。

7 提问书中孩子印象最深刻的人物形象是谁，并说明原因。

8 读书前让孩子了解作家生平和社会背景，认识作家写作的动机。

9 针对特定的书籍，和孩子探讨读书的原因和动机。让孩子清楚阅读是为了休闲放松，还是为了学习知识而读书，因为目的不同决定了阅读方法也不相同。

10 教给孩子不要因为意思难以理解就中止阅读，而是完整阅读后再反思“为什么”“作者想要传达的意思是什么”……要启发孩子自己想问题。

精彩提示：
如何“高效阅读”？有什么具体的方法吸引孩子引起阅读后的讨论？举例：《乔治和玛莎》《夏洛特的网》

两个读书活动实例：《乔治和玛莎》和《夏洛特的网》

所谓“高效阅读”的具体操作方式。

我的一个朋友在得知我写此书时说，她也一直很努力指导孩子读书活动，但经常做得没有头绪，希望我能够把教育孩子读书的实例介绍一下。朋友是想知道我所谓“高效阅读”的具体指导方法。

下面我就以两本书为例，向各位展示我给孩子读书后的对话以及引入的活动。

书名 《乔治和玛莎》（*George and Martha*）

作者 詹姆斯•马歇尔 （James Marshall，1942～1992）

作者詹姆斯•马歇尔出生于德克萨斯州圣安东尼奥，曾在著名的新英格兰音乐学院学习中音提琴，后来由于飞行事故手部受伤而放弃了音乐之路。

这本书适合幼儿期0～4岁的孩子阅读，是关于河马乔治和玛莎的故事，他们两个是性格迥异却形影不离的好朋友。主人公乔治和玛莎的名字源于有名的喜剧《谁害怕弗吉尼亚的狼？》。这本书是由五个短篇小故事组成的。

第一个故事 《豌豆汤》

■ 故事情节

玛莎喜欢做豌豆汤，但乔治并不喜欢喝。但他还是热情难却地喝了十碗豌豆汤，他再也喝不下了，只好把汤都倒在自己的鞋里。这被厨房里的玛莎看到，她没有发火而是问明原因。乔治真诚地说怕伤害玛莎才这么做的。

最后，玛莎虽然喜欢豌豆汤，但为了朋友，她开始准备制作巧克力曲奇。

■ 第一个故事结束后和孩子讨论的问题

1. 孩子喜欢和讨厌的食物是什么？

2. 是否有和乔治一样的经历，不得不吃下不喜欢的食物，那样做的原因又是什么？（是为了不让妈妈伤心，为了妈妈高兴，或者怕受惩罚？）

3. 告诉孩子谁都有自己喜欢和厌恶的事物。

4. 告诉孩子遇到自己不喜欢的事情不要后退和回避，运用交流沟通解决问题。

第二个故事 《镜子》

■ 故事情节

玛莎爱上了照镜子，每天睡醒后就不停地欣赏自己。忍受不了玛莎的乔治在镜子上画上了奇怪的图画，玛莎看了以为是自己的样子，大吃一惊，随后不再沉溺于照镜子。

■ 读第二个故事和孩子讨论的问题

1．乔治在镜子上画画，欺骗玛莎的原因是什么？

2．乔治是担心玛莎，还是嫉妒玛莎镜子里的美貌呢？

3．问问孩子，你有像玛莎一样喜爱到不能自拔的事物吗？同时告诉孩子沉溺的害处。

4．问孩子当朋友沉浸在别的事物里，不和自己玩时应该怎么办。让孩子想想自己是否因为嫉妒做过错事。（或者问问关于其他朋友是否有过嫉妒的表现等问题。）

Review: 阅读是孩子独立进行的，但阅读后的活动绝非孩子一人的活动。

阅读之后

1. 在纸上画出河马。

2. 用两个动物人偶演出乔治和玛莎的故事。

3. 讨论：当与别人的意见不同时，应该怎样解决？

协商或是按照顺序分别听从彼此的意见；听取老师和家长的意见；与坚持己见的朋友玩石头剪刀布做出决定……教给孩子不同的解决方法。

4. 和孩子一起煮一碗玛莎最喜欢的豌豆汤。

5. 向孩子说明关于河马的食物、生活习性等科学常识。

6. 讨论：乔治和玛莎为什么是好朋友？

7. 告诉孩子，即使是好朋友，当意见不同时，也可以争论，真正的友情不是无条件地顺从，而是看到朋友犯错时，帮助他们改正错误。

测试游戏

读完书后向孩子提出几个问题，以此评价孩子对故事内容的理解程度。

可以使用电视里知识竞赛的背景音乐让孩子觉得提问环节非常有趣，这也会提高他们的记忆力。

■ 第一个故事 《豌豆汤》

1. 乔治和玛莎谁喜欢豌豆汤？（玛莎）或，玛莎喜欢制作的食物是什么？（豌豆汤）

2. 乔治把难喝的豌豆汤倒到了哪里？（鞋子里）

3. 乔治讨厌豌豆汤，为什么要把汤倒入鞋子？（不想伤害玛莎）

4. 看到乔治的行为，玛莎生气了吗？（没有）

5. 后来两个朋友吃了什么？（巧克力曲奇）

■ 第二个故事 《镜子》

1. 玛莎睡醒之后都干了什么？（照镜子）

2. 乔治看到玛莎不停地照镜子后干了什么？（在玛莎的镜子上画上了奇怪的画）

3. 为什么玛莎停止了照镜子？（镜子上的画让她吃惊害怕）

Review: 阅读让孩子把内容复述给家长有助于记忆力提高和对阅读内容把握。

食谱：和孩子一起制作简单的豌豆汤（6人份）

■ 材料

鸡汤4杯或者水6杯，火腿6根，小洋葱1个，西芹1棵，胡萝卜1个，大蒜2头（切好），豌豆2杯，百里香1/4匙或迷迭香1匙，盐和胡椒粉少许。

■ 制作方法

1. 将火腿放入锅中煮半熟，切成大小适当的小块儿。

2. 将水、豌豆，切好的芹菜、洋葱、胡萝卜、大蒜和香草放入锅中，大火煮20分钟。

3. 放入半熟的火腿（如果喜欢口感生脆的火腿，也可以最后放入），当豌豆变软改为小火煮。

4. 最后放入盐和胡椒粉，出锅。

书名 《夏洛特的网》（*Charlotte's Web*）

作者 E. B. 怀特（E. B. White，1899～1985）

《夏洛特的网》的作者怀特是美国知名童话作家，他的作品《小斯图亚特》（*Stuart Little*）被改编成电影《精灵鼠小弟》搬上荧幕并为观众熟知，还著有《吹小号的天鹅》（*The Trumpet of the Swan*）。他生于纽约蒙特弗农，1921年毕业于康奈尔大学，后来成为《纽约人》杂志专职撰稿人。1963年肯尼迪总统授予他总统自由勋章（*Presidential Medal of Freedom*），并获得多个权威文学奖。

《夏洛特的网》适合小学低学年（2～4年级）孩子阅读，是儿童必读的馆藏图书，可谓经典中的经典。

我在家庭学校里，把它作为教材使用，因为适合教授2～3年级英语单词和语法，并对内容进行分析和讨论。这也是我选择其他文

Review: 先让孩子泛读，再让他们对爱不释手的图书精读，是很有用的方法。

章作为教材的标准。

阅读之前首先和孩子思考题目“夏洛特的网”，作者想要以此传达什么意图，这里可以把书的主题大致给孩子说明一下。

这本书讲的是蜘蛛夏洛特和出生就注定被宰杀命运的小猪韦伯之间的友情，还涉及到生命与死亡的主题。

首先将全书通读一遍，再按照章节精读，出现新的生词和难词要加以讲解。

讲解单词时不要停留在单词的意思上，给孩子多造出几个句子，再让他们模仿例句造句练习。每章里学习到的新词，我和孩子编出一本“《夏洛特的网》专用字典”，当然字典的设计修饰工作就留到美术课上了。让孩子自主设计，编出的小字典就成为他们宝贵的珍藏品。

教给孩子学会做笔记，精读过程中与主题相关的句子都要用横线划出来，当写读后感的时候查找引用句就变得很容易。

阅读之后

1．书中出现的动物能像人一样张口说话，但现实中动物是没有语言沟通能力的。和孩子讨论动物是如何和别的动物交流的，选择书中出现的一种动物，上网检索相关知识进行深入调查。

2．人总会目睹自己爱的人死去，试着让孩子理解死亡的意义，在孩子理解范围内自由讨论。

3．写一首关于“友情”或者“动物”的诗歌。

4．因为长得小，韦伯就面临死亡的命运，虽然是动物，但因为身体原因就遭受杀身之祸，这样公平吗？（可作为讨论主题。）可以联系到孩子自己是否有遭受不公平的情况。

5．重读第一章，想象自己喜爱的宠物如果不得不送给别人（或者宠物患病即将死去），自己该怎么办？以此帮助孩子理解书中8岁少女为了救小猪韦伯声泪俱下的焦急心情。

6．小猪韦伯几次试图逃跑却没有得逞，试让孩子想象小猪韦伯失去自由的心理活动是怎样的。（或让孩子以小作文的形式写下来。）

7．讨论小猪韦伯试图逃出的原因。

8．为什么小猪韦伯试图逃出时，其他动物都异常兴奋地为他加油？

9．如果没有夏洛特，韦伯的结局又会怎样，让孩子重新编出一个结局。

10. 书中提及了蜘蛛，查找书籍记录关于蜘蛛的科学常识。以此机会制作一本“蜘蛛的知识”，作为自然课的教材。

测试游戏

■ 1～3章

1. 农场主人艾拉伯尔要杀死小猪韦伯的理由是什么？（小猪韦伯生得又小又弱）

2. 要求农场主人艾拉伯尔放过小猪的人是谁？（农场主人的女儿芬）

3. 农场主人艾拉伯尔打算用什么杀死小猪？（斧子）

4. 当芬把小猪韦伯养壮之后，艾拉伯尔要把小猪卖给谁？（芬的叔叔荷马）

5. 韦伯被卖了多少钱？（6美元）

6. 农夫们为什么叫韦伯“spring pig”？（因为韦伯出生在春天）

7. 试图逃走的时候韦伯多大了？（10个月）

精彩提示：
阅读日记便于孩子随时复查自己读书的经历，也可以培养孩子的记录习惯，更便于家长观察孩子的阅读领域是否均衡。

写阅读日志
（reading log）

复查孩子的读书经历，培养孩子的记录习惯。

阅读日志（reading log）中包括阅读过的书名、作者、简单的感想等信息，这便于孩子随时复查自己读书的经历。这也培养了孩子记录的习惯，从阅读日志的记录中可以看出孩子阅读的领域是否均衡。

矢野祥上过的英才小学每周一都会发下一个表格，用来记录一周内阅读书籍的名称和作者姓名。表格记录在阅读初期对帮助孩子形成习惯有好处，但填写定期读后感着实浪费了不少时间。

所以我又为孩子定制了两种表格。第一种是给具备写作能力的孩子，他要在表格里填写书籍基本信息后，坚持定期写读后感，这时我要知道他写读后感的方法。第二种是尚未具备写作能力的孩子，填写表格的时候只要用两句话概述书中的内容就可以了。

■ 体裁

童话连环画，童话，幻想类，科普读物，科学幻想，实用类书籍（关于计算机，或是关于交通工具的图书），名人传记，神话，游记，漫画等。

■ 感受（my feelings）一栏可以填入的词

悲伤（sad），高兴（happy），厌烦（boring），没意思（meaningless），容易（easy），难懂（hard to understand），有趣（exciting），害怕（afraid），可笑（funny，very funny），愤怒（angry）等。

■ 两句话写出的梗概（挑选矢野祥小时候写的两个为例）

《夏洛特的网》（*Charlotte's Web*）

灰色蜘蛛夏洛特和小猪韦伯成为好朋友。

为了救小猪韦伯的生命，她用自己的网织出了赞美他的字样，但故事结尾她却死去了。

Charlotte, a gray spider, made friends with a little pig, Wilbur.

She saved Wilbur's life by writing about him in her webs, but she died at the end of the story.

童话连环画 《三只小猪》（*The three little pigs*）

三只小猪建了草房子、木头房子和石头房子。

恶狼破坏了草房子和木头房子，但破坏不了石头房子。

Three little pigs built houses from straws, sticks, and bricks.

The bad wolf blew down the straw house and stick house, but he couldn't destroy the brick house.

■ 阅读日志第一种表格

书名 Title	作者 Author	题材 Genre	页数 Pages	感受 My feelings	完成日期 Ending date
1.					
2.					
3.					
4.					
5.					
6.					
7.					
8.					
9.					
10.					

■ 阅读日志第二种表格

书名 Title	作者 Author	题材 Genre	页数 Pages	完成日期 Ending date	用两句话概述内容 My summary in two sentences
1.					
2.					
3.					
4.					
5.					
6.					
7.					
8.					
9.					
10.					

Chapter 4

Critical Thinking Ability

培养批判性思维能力

这样啊……？
BOOK
BOOK
为什么

精彩提示：
"批判性思维能力"可以通过讨论，或者数学等自然科学的学习得到提高，但是阅读也可以达到同样的效果。

提高学习效率的布鲁姆分类法

阅读和提高孩子的批判性思维能力有密切的关系。

矢野祥和百合比一般的孩子更早进入了大学学习，他们的批判性思维能力得到了教授的一致青睐。有些教授对他们的批判性思维能力不吝赞美之词，但也有教授并不关心“小孩子”的言论。

普遍观点认为，批判性思维能力是可以通过讨论或者数学等自然学科的学习得到提高的。可是有人不禁要问，阅读也能够培养孩子的批判性思维能力吗？

我给孩子读完书会说“阅读就到这儿结束”，但并不直接合上书本，而是开始阅读后的活动，比如提出一个问题，让孩子思考作者的意图和故事的合理性。我认为阅读和提高孩子批判性思维能力是有密切关系的。

我不会让孩子苦苦思索问题正确与否，而是组织有趣的游戏或者小测验，通过对话的方式和孩子讨论书中的故事是否现实、作者为什么让主人公经受历练等问题。

“判断”一词本义里就包括一层“挑剔”的意思，其实就意味着不必先入为主地接受别人的观点，而是对观点提出反对或是质疑。

“批判性思维能力”，初次听到这么深奥的名称，作为家长的我有点儿不知如何下手。我从小接受的都是灌输式的教育，“批判性思维”对我是完全陌生的概念。因此我开始大量阅读相关书籍，也上了家庭学校的相关课程，着实费了一番工夫。

这段学习最大的收获是芝加哥大学教育心理学学者本杰明•布鲁姆（Benjamin Bloom）的理论。布鲁姆分类法（Bloom's Taxonomy）是1956年布鲁姆教授的研究团队设定的提高学习效率的方法，将学习分成了六个范畴。

最低层级的范畴是知识（knowledge）习得，还有理解（comprehension）和适应（application），都属于基本范畴，分析（analysis）和综合（synthesis）之后，最后一个范畴是评价（evaluation）。

当我向孩子提出问题思考时，并不是所有的问题都能按照布鲁姆的理论进行分类。但当提出问题的范围扩大时，布鲁姆分类法给了我不小的帮助，我会审视自己提出的问题能否促进孩子的思考。21世纪不需要只会记忆知识的孩子，新时代的人才需要的是思考能力，因此我把主要精力放在了培养思维能力方面。

使用布鲁姆分类法理解提问

1 知识（knowledge）

提出的问题只要有相关知识就能够回答，通常答案是明确的。

例
* 一打鸡蛋是多少个？
* 纸是什么做成的？
* 建造水坝的目的是什么？
* 解放奴隶的美国总统是谁？

2 理解（comprehension）

提出的问题诸如“预测、说明或叙述，找出差异点”等。

例
* 说明纸制作的过程。
* 说明鸡蛋孵化出鸡的过程。

3 适应（application）

获取解决问题的方法并使用在新的对象事物上。此阶段的提问诸如“为什么，怎么办，找出解决方法，试验下……将……分类，做出示范”等。

例
* 牛可以卵生吗？
* 矾土也能制造出纸吗？
* 林肯所在的时代，人是可以拥有奴隶的。那么林肯对于奴隶制的个人观点是什么？

下面介绍的分析、综合、评价三个范畴，可能提问并不单纯属于某一个阶段，同一问题可能包含在两个阶段中。

4 分析（analysis）

对习得的知识和信息进行整理比较、深究审视、从中择优等过程属于这个阶段。（即将知识和信息分析后，再构成新的信息组，并加以试验。）

例
* 建设水坝时要考虑哪些问题？试从经济方面和地理方面进行思考。
* 将林肯总统的贡献与同时期的其他总统进行比较。

5 综合（synthesis）

习得的知识和技术经过综合，用新观点思考或者通过整理得出结论的阶段。提问诸如“预测如果出现那种结果怎么办”。

Review: 对于低年级的孩子，不要勉强设定阅读目标。

例

* 预测随着纸张使用量的减少，对人类生活会产生怎样的影响。
* 鸡和青蛙都是卵生。对于非卵生的动物有什么认识？

6 评价（evaluation）

以获得的知识和信息为基础，加以判断、选择和补充的阶段。由此做出的判断并不一定有正误之分。提相当于“是同意呢，还是反对？”这样的问题。

例

* 你赞成纸张再利用吗？或是反对？
* 建设水坝会影响到生态环境，你赞成吗？
* 如果没有林肯总统，奴隶制会延续至今吗？（可提问与中国国情相关的问题。）

精彩提示：
读完书后，家长的提问大致可以分为两
类目的，一是检测孩子对阅读内容的理解，
另外一类是培养孩子的批判性思维能力。

通过读书培养思考能力的3个实例

《老鼠牙医——地嗖头》《阿贝尔的岛》《数星星》

给孩子读完书，家长可以提出各种各样的问题，其实大致可以归为两类。一类提问能检测孩子对阅读内容的理解，另一类提问则是培养孩子批判性思维能力的问题。

下面我将举三个实例来说明培养孩子思考能力的方法。我选取了三本书：《老鼠牙医——地嗖头》《阿贝尔的岛》和《数星星》。前两本书都是著名儿童作家威廉•史塔克的作品，《数星星》是洛伊丝•洛瑞的作品，讲的是丹麦首都哥本哈根两个好朋友关于友情和勇气的故事。

《数星星》适合作为孩子小学四五年级的教材，从中可以学到很多重要的历史和社会知识，而且这本书对于训练孩子的批判性思维有很好的效果，在此特别推荐给家长。

在家教孩子时，我每个月至少选择一本书，按照下面的方法，锻炼孩子的阅读理解和思考能力。孩子在学业上的成功，让我确信这些方法是发挥效用的。

Review: 书的字大而清晰，段落有间隔，能使孩子保持更长时间的注意力。

书名 《老鼠牙医——地嗖头》（*Dr.De Soto*）

作者 威廉·史塔克（William Steig，1907～2003）

威廉·史塔克因他的作品《老鼠牙医——地嗖头》《阿贝尔的岛》而著名，是被称为“卡通之王”的著名漫画家。1930年他开始为《纽约人》设计插画，共有117幅作品作为了《纽约人》的封面使用。他从61岁起开始给儿童创作漫画，多次获得纽伯瑞儿童文学奖和兰多尔夫·卡尔德科特文学奖。

■ 适读阶段

小学1～3年级

■ 故事情节

老鼠牙医地嗖头开了一家牙科诊所，外面挂着巨大的提示“不治疗猫和其他危险的动物”。但是有一天，一只衣冠楚楚的狐狸找上门来，希望地嗖头能治疗他的牙痛。心地善良的地嗖头爬上梯子给狐狸修牙，但是牙痛消失的狐狸却立马忘掉牙医的恩情，起了吃掉牙医地嗖头夫妇的歹心。好在被地嗖头及时发现，他机灵地想出妙计，用黏合剂封住了狐狸的嘴巴。最后不能得逞的狐狸想说出“thank you very much”时，因为牙齿黏合在一起，只能发出滑稽的声音“frank ～ berry mush”。

■ 简单的提问（basic understanding questions）

1. 主要出场人物有谁？（牙医地嗖头夫妇和狐狸）

2. 地嗖头医生的诊所写有什么告示？（不治疗猫和其他危险的动物）

3. 为什么牙医地嗖头很受大动物的欢迎？（老鼠牙医身形小，可以进入大动物的嘴里予以治疗）

4. 小老鼠牙医借助什么工具给大动物治疗？（梯子）

5. 狐狸的性格是什么？（让孩子选择，例：亲切的，直率的，狡猾的，令人恐怖的。正确答案是狡猾的。）

6. 狐狸有了什么坏点子？（吃掉地嗖头夫妇）

7. 狐狸想什么时候吃掉地嗖头夫妇？（治疗结束之后）

■ 培养批判性思维能力的问题

1. 如果你是地嗖头牙医，面对痛哭流涕的危险患者会怎么做？是拒绝，还是给予治疗？

2. 想吃掉恩人的狐狸心肠怎么样？他会产生罪恶感吗？

3. 狐狸经过这次事件，会得到什么教训？

4. 如果地嗖头医生没有发现狐狸的计划，会发生什么？

5. 地嗖头医生很受大动物的欢迎，那么小动物们呢？

6. 地嗖头夫妇用黏合剂化解了此次危险，如果下次又来了危险的动物，他们该怎么办？

书名 《阿贝尔的岛》（*Abel's Island*）

作者 威廉·史塔克 （William Steig）

主人公阿贝尔以自己的智慧和坚韧克服困难的故事，能告诉孩子无论面对什么困难都不能放弃的道理。这本书不仅仅是幼儿版的《孤岛漂流记》，还有很多可以引导孩子思考的情节，内容生动有趣，很吸引孩子。

Review: 不同类型的书籍可以让孩子获得不同的能力，例如小说可培养孩子想象力等。

■ 适读阶段

小学2～4年级

■ 故事情节

老鼠阿贝尔和妻子外出郊游遇到暴风袭击，阿贝尔为了拿回妻子被风刮走的丝巾，却被风暴卷走，当他醒来时已经独自身处无人岛上。阿贝尔过去享受着贵族生活，身处困境感到了绝望和愤怒，但他没有放弃和妻子家人团聚的愿望。最终经过一年的孤岛生活，他逃离无人岛与家人团聚。

■ 简单的提问（basic understanding questions）

1. 书中的主人公是谁？（阿贝尔）

2. 阿贝尔的家人都有谁？（妻子阿曼达，父亲，母亲，兄弟们）

3. 简单概述故事情节。（贵族出身的老鼠阿贝尔在无人岛历险，他不放弃与家人重逢的愿望，最终逃脱无人岛）

4. 阿贝尔在无人岛度过多长时间？（大约一年）

5. 在困入无人岛之前，他和谁在哪儿生活？（和妻子生活在小城莫斯比拉）

6. 阿贝尔怎么被带到了无人岛？（为了拿回妻子的围巾，阿贝

尔被卷入急流，幸运的是抓住了木板，最后漂流到了无人岛）

7. 回想阿贝尔漂流到无人岛上，发现自己携带的物品有哪些？至少说出两个物品。（铅笔，硬币，家里的钥匙，小刀）

8. 无人岛上阿贝尔发现了自己的什么潜能？（雕刻和素描的艺术才能）

■ 培养批判性思维能力的问题

1. 这本书的主人公是小老鼠。如果阿贝尔生活的无人岛上出现了猫或者猫头鹰，阿贝尔应该怎么办？

2. 一年的无人岛生活使阿贝尔发生了怎样的变化？

a. 首先说出阿贝尔困入无人岛之前的外貌和性格。

b. 阿贝尔在无人岛是怎样认识自我的？

c. 阿贝尔在无人岛怎样生活？

d. 再回到前面的问题——阿贝尔在无人岛也是像以前一样生活吗？有什么区别？举出几个具体的例子。

■ a和b的答案：

a. 阿贝尔过着贵族的生活，从来不需要为生计考虑，也从不劳动，享受着昂贵的服饰和美食。他完全以自我为中心，甚至天气和他想象不同都会大发雷霆。和妻子外出郊游，坚持要自己喜欢的天气，性格相当古板。

b. 被风暴带到无人岛后，阿贝尔发现了自己的很多问题。他发现了自己一事无成而且脾气暴躁。但在孤独的漂流生活中，他改变了自己暴躁的缺点。当夜晚一个人和星星对话时，他又像回到了童年那般单纯，他知道了自己过去是多么自我，而且性格古板。

书名 《数星星》（*Number the Stars*）

作者 路易斯·洛瑞 （Lois Lowry）

路易斯·洛瑞1937年出生于夏威夷火奴鲁鲁，《数星星》让他第一次获得纽伯瑞儿童文学奖，1994年他又以《赐予者》（*The Giver*）第二次获得殊荣。揭露人性阴暗面的《赐予者》（*The Giver*）是部令人震撼的作品。

《数星星》以第三人称视角（Third person point of view）写成，作者洛瑞通过主人公安娜·玛丽的眼睛传达了自己的写作意图。

Review: 家长应该尽早给孩子阅读书籍，通过早期经验对孩子进行教育。

■ 适读阶段：

小学5年级～初中1年级

■ 主题：

“真正的勇气和信念”或“对不公平的反抗”

■ 背景：

时间设定为被纳粹占领了四年的1943年，地点是丹麦首都哥本哈根。主人公安娜•玛丽和好朋友爱尔兰的友情故事，向读者展示了真正的勇气和信念是什么。

■ 故事情节：

主人公安娜•玛丽生活在被纳粹占领的哥本哈根，她隐隐察觉到了犹太人的店铺逐渐关闭，丹麦政府对德国纳粹的侵略也毫无办法。和德国军人碰面的次数越来越多，食物也开始配给发放。后来德国军人开始对丹麦的犹太人实施“再配置”，其实就是隔离收容。安娜•玛丽和她的家人不顾安危，帮助犹太人朋友爱尔兰一家逃向安全的瑞典。故事的结局是丹麦最终获得了解放，爱尔兰一家重回丹麦与好友重逢。

■ 阅读之前：

本书中包含很多历史和社会事件，纳粹侵略丹麦，对犹太人的大屠杀，还有欧洲的地理常识，这些知识都应该让孩子在阅读前查清楚并理解。

● 纳粹侵略丹麦

德国于1940年4月9日占领了丹麦和挪威，理由是保护这些斯堪的纳维亚国家不受同盟国侵略。最初德国保留了丹麦政府的统治权力，占领的前几年情况并不恶劣。三年后随着丹麦国内的抵抗运动兴起和出现迫害犹太人事件，两国关系加剧恶化。

当时丹麦有约7500名犹太人，大多都居住在首都哥本哈根。与其他国家不同，丹麦定居的犹太人享有同丹麦国民一样的权利，所以丹麦国民对于迫害犹太人的事件不能无动于衷。

1943年10月1日，德国纳粹开始逮捕丹麦的犹太人，但抓捕的数量很少。因为知道了逮捕消息的丹麦人民帮助犹太人转移到教会、沿海偏远的地方躲避，丹麦的警察也并不协助德国纳粹的逮捕行动。逃亡沿海的犹太人在当地渔民的帮助下，逃至安全的邻国瑞典避难。

根据美国犹太人大屠杀纪念馆（United States Holocaust Memorial Museum）的记录，仅仅一个月，到瑞典避难的犹太人就达到了7200人，还有700名犹太人亲属。

当纳粹德国战败，丹麦得到解放，这些避难异国的犹太人重新回到

Review: 孩子需要具备阅读题目、理解并把握的能力。

丹麦发现，在他们离开以后，丹麦人民一直守护着他们的财产。

《数星星》中的亨里克叔叔是从吉莱勒耶（Gilleleje）逃出丹麦的。这个城市位于丹麦北边，是逃向瑞典避难的14个港口之一，约1/5的犹太人都是从吉莱勒耶踏上避难之路的。

● 犹太人大屠杀（Holocaust）

犹太人大屠杀是纳粹德国在第二次世界大战中对犹太族的种族清洗，是人类文明史中最残忍的暴行之一。德国在这次种族清洗活动中屠杀了近600万犹太人。根据1933年欧洲人口数据显示，当时欧洲共有900万犹太人，也就是说有2/3的犹太人遇难。在屠杀中除了犹太人，德国纳粹迫害的还有吉普赛人、同性恋者、精神病患者和俄国政治犯。纳粹屠杀犹太人的原因很难一语概括，主要原因之一是纳粹德国宣扬种族优秀论，认为优等种族有权奴役甚至消灭劣等种族。

● 奥斯维辛集中营（Auschwitz Concentration Camp）

通过纪录片和书籍，我们知道奥斯维辛集中营是德国纳粹集中营的代表。1939年德国入侵波兰建立了这个大规模的集中营，在这里对犹太人大屠杀或进行人体试验。奥斯维辛集中营是纳粹德国犯下滔天罪行的历史见证。

● 第二次世界大战期间欧洲的地理常识

在地图上找出丹麦及周围的国家，了解这些国家是否被德国占领，哪些与德国敌对，哪些国家保持中立，作为地理和历史学习的一部分。

■ 参考用的名词解释：

● 破坏行为（sabotage）

故意破坏机器、拒绝作业或者故意拖延工效的行为。出现在原书的第一章。

● 抵抗运动（resistance）

第二次世界大战时，反抗德国纳粹和意大利法西斯的抵抗运动。西欧包括法国、挪威、丹麦等国，东欧有捷克斯洛伐克和波兰等国。

路易斯•洛瑞在书中设定了彼得（出现在原书第十七章）这个人物，这位丹麦青年参加了抵抗运动，最后被德军杀害。

● 种族灭绝（genocide）

这个词没有出现在书中，但可以与“犹太人大屠杀”联系起来进行比较。种族灭绝在现代社会也并未停止，1994年卢旺达大屠杀、

2002年达尔富尔屠杀等事件骇人听闻。卢旺达大屠杀三个月中有80万～100万图西族遭到杀害。种族灭绝被定为反人类罪。

我让孩子对“种族灭绝”和“犹太人大屠杀”两个词的关联背景进行调查，找出异同点。

● 大卫之星（the Star of David）

大卫之星是犹太教信仰的标志，出现在原书的第五章。大卫王是以色列的第二个君王，统治长达40年，他热爱音乐并且给上天写诗。

大卫之星是两个三角形对向组合的形状，现在还使用在以色列国旗上。在“二战”犹太人受迫害期间，大卫之星也未能幸免，德国纳粹在蓝色的大卫之星中间写上了犹大（Jeda），强迫犹太人佩戴在胸前。

■ 当时周围国家的状况：

1. 受到德国侵略的国家：丹麦、挪威、荷兰、比利时、法国、奥地利。

2. 对抗德国的国家：英国。

3. 德国的同盟：意大利。

4. 战争末期保持中立的国家：葡萄牙、西班牙、爱尔兰、瑞典、瑞士、圣马力诺（圣马力诺是被意大利包围着的小国家，使用意大利语，“二战”中保持中立）。

■ 阅读理解问题

1. 书中提到书名“数星星”的来源是？（第十章，出自《圣经•诗篇》第147篇第4节“he who numbers the stars one by one…”）

2. 书名“数星星”中的“星星”代表的是什么？（犹太人）

3. 克里斯蒂安十世的卫士是谁？（第三章，丹麦全体国民）

4. 安娜•玛丽认为全丹麦人除了保卫国王还要保护谁？（犹太人）

5. 爱尔兰的脖子上挂着什么？（大卫之星）

6. 德军半夜前来逮捕爱尔兰一家，安娜•玛丽的爸爸拿出什么证明了爱尔兰是自己的女儿？（第五章，家庭合影）

7. 爸爸称犹太人的暗号是什么？（第六章，香烟）

8. 亨里克叔叔回家的时候乘坐的工具是什么？（第六章，火车）

9. 要打开棺材检查的德国军官为什么听了妈妈的话放弃了？（第十章，妈妈说碧蒂阿姨死于风寒，德国军官害怕感染放弃了检查。）

10. 实际上棺材里放着什么？（第十章，毯子和衣物）

11. 反抗运动者是什么意思？（第十七章，与德军展开斗争的丹麦人）

12. 彼得最后的结局是什么？（第十七章，被德军处决）

13. 安娜•玛丽给亨里克叔叔的手绢中包有什么？（后记，这个问题要和历史中的真实事件联系起来，作者在后记中说，瑞典科学家为了让查找犹太人的军犬丧失嗅觉，发明了一种用兔子的血和可卡因混合而成的粉末。亨里克拿到的手绢粘上了这种粉末，这样警犬会被兔子的血腥吸引，同时吸入了可卡因后，丧失了寻找犹太人的嗅觉。使用这种方法，隐藏在船里的犹太人得以平安地到达瑞典。）

■ 培养思考能力的提问：

1．书中犹太人遭受了不公平的待遇，自己是否也有遭受偏见的时候？

2．查找书中故事和现实历史事件之间的联系。

3．“手绢”为什么那么重要？

4．幼年经受了悲惨的事件，这对爱尔兰的性格会有怎样的影响？她能成为一个勇敢的人吗？或者终生仇恨德国人？安娜•玛丽又会怎样？他们长大都会成为怎样的人？

5．菲特娜•利兹不顾安危和纳粹作斗争，坚定地站在犹太人一边，她的动机是什么？是什么给她这么大的勇气？对比那些在他人的悲痛前冷眼走过的人，菲特娜•利兹有什么不同？

6．大屠杀中数以百万计的犹太人遇害，这样惨绝人寰的悲剧还会发生吗？非洲的卢旺达和达尔富尔还是出现了这样的惨剧，现代文明社会怎么会出现这种事件？阻止这类惨剧再次上演的方法是什么？

（本书完）

编者注：本书中出现的书名、人名及地名有可能因翻译版本不同而有所不同，请家长在购买本书推荐的图书和查阅相关资料时对应其英文原名。